Lausitz und Spreewald

Lausitz und Spreewald

Reader's
DIGEST
Deutschland · Schweiz · Österreich

Inhalt

Das Zittauer Gebirge macht seinem Namen alle Ehre. Vom bizarren Felsgipfel des 582 m hohen Töpfer blickt man weit ins Land über Zittau und den Olbersdorfer See.

Einen romantischen Anblick bietet die Rakotzbrücke im Rhododendronpark Kromlau bei Bad Muskau. Sie wurde vollständig aus Feldsteinen und Basaltsäulen erbaut.

Winterstimmung im Spreewald: die weit verzweigten Fließe der Spree werden jetzt als Schlittschuhbahnen und Wanderwege genutzt.

Historische Kulturlandschaft mit slawischen Wurzeln

Nur eine knappe Autostunde vor Berlin beginnt mit der Lausitz eine der ältesten deutschen Kulturlandschaften. Sie reicht vom Spreewald bis zum Zittauer Gebirge und wurde von den Wechselfällen europäischer Geschichte nachhaltig beeinflusst.

Keineswegs unumstritten war lange Zeit, welche Region denn mit dem Namen Lausitz gemeint ist. In *Meyers Konversations-Lexikon* von 1905 findet sich eine knappe Erläuterung: „Lausitz kommt als Name ursprünglich nur der heutigen Niederlausitz zu; erst zu Beginn des 15. Jh. finden sich sichere Zeugnisse einer fälschlichen Einreihung der Oberlausitz […] unter den Begriff Lausitz, und erst der zweiten Hälfte des 15. Jh. gehört das allmähliche missbräuchliche Aufkommen des Namens Oberlausitz an, wodurch der echten, alten Lausitz der Name Niederlausitz aufgedrängt wurde."

Die bis heute gebräuchlichen Bezeichnungen gelten einer der ältesten deutschen Kulturlandschaften im Osten der Republik. Sie beginnt eine knappe Autostunde südöstlich von Berlin mit dem Spreewald und reicht bis zum Zittauer Gebirge an der Grenze zu Tschechien. Die östliche Begrenzung bildet die Grenze zu Polen entlang der Neiße. Die Niederlausitz gehört zu Brandenburg, die Oberlausitz ist Teil des Freistaates Sachsen. Hier wie dort ist die kleine slawische Minderheit der Sorben zu Hause, deren Vorfahren zusammen mit den Deutschen den Landstrich seit dem 6. Jh. Schritt für Schritt kultiviert haben. In der Gegenwart der etwa 60 000 Sorben sind die alten Bräuche und Traditionen der slawischen Bevölkerung das ganze Jahr über lebendig.

Verbunden sind Ober- und Niederlausitz zudem durch den Flusslauf der Spree von den Oberlausitzer Bergen nach Berlin sowie durch das Lausitzer Braunkohlerevier. Darüber hinaus aber dominieren die Unterschiede. Die bekannteste Landschaft in der Niederlausitz ist zweifellos der Spreewald mit seinen weit verzweigten Fließen in einem alten Urstromtal. Die Beliebtheit des Gebietes bei Besuchern und Touristen hält unvermindert an, seit der märkische Dichter Theodor Fontane im 19. Jh. der übrigen Welt von den verträumten Orten inmitten von Wasserläufen und unberührter Natur vorschwärmte.

Besonders bei traditionellen Volksfesten wie dem Maibaum-Werfen in Schwarzkollm bestimmen die farbenprächtigen sorbischen Trachten das Bild.

Neben der Flusslandschaft beschrieb Fontane auch die farbenprächtigen
sorbischen Trachten und beschwor bei alledem den „Zauber von Venedig".

Die historisch gewachsene Unterscheidung in Ober- und Niederlausitz
ist wohl dem Blick der einst böhmischen Landesherren auf ihre Nebenländer
nördlich des Lausitzer Gebirges geschuldet. Diese Perspektive machte das
slawische „Land der Milzener" zur Oberlausitz. Für die Kaufleute, die aus
Böhmen gen Norden zogen, war die Gegend „mit den seichten Gewässern"
nichts anderes als das „Oberland" vor der eigentli-
chen Lausitz, in der sich einst Slawen vom Stamm der
Lusizi niedergelassen hatten. Die lateinische Bezeichnung *lusatia superior* für die Oberlausitz findet sich
erstmals 1474 auf einem Dokument aus der Kanzlei
des Ungarnkönigs Matthias Corvinus (1443–1490). Ab 1469 war die Lausitz
zusammen mit Böhmen eines der Nebenländer der ungarischen Krone.

*Aus böhmischem Blickwinkel war die
Oberlausitz das slawische „Oberland".*

Die damalige Niederlausitz reichte von der Schwarzen Elster im Westen
über Spreewald und Oder im Norden bis zum Biberfluss, dem Bober im
heutigen Polen. Vor der südlich angrenzenden Oberlausitz zog sich ein Wald-
gürtel entlang einer Linie etwa von der Pulsnitz im Westen bis zum heute
polnischen Queis, im Süden grenzte das Gebiet im Lausitzer Gebirge an
Böhmen. Mit dem Prager Frieden von 1635 kamen beide Regionen zu Kur-
sachsen. Bei der Neuordnung Europas auf dem Wiener Kongress 1815 wurde
die Niederlausitz preußisch, die Oberlausitz verblieb bei Sachsen. Seit dem

Ende des Zweiten Weltkrieges und der neuen deutsch-polnischen Grenze an der Neiße ist der Fluss auch die östliche Begrenzung der Lausitz.

Die flache Niederlausitz mit viel Wald und ausgedehnten Heidegebieten auf alten eiszeitlichen Grundmoränen und Sanderflächen war lange Zeit landwirtschaftlich geprägt. Obwohl das zumeist karge Land oft nur geringe Erträge ermöglichte, hatten die Menschen mit dem, was die Böden hergaben, gleichwohl ihr Auskommen. Die Schafe auf den Wiesen lieferten Wolle, die weiten, blau blühenden Flachsfelder boten den Rohstoff für die Leinenproduktion. Der Boden barg zudem Ton und Sande als Ausgangsmaterial für Ziegeleien und Glashütten, deren Arbeiter das erforderliche Brennmaterial aus den Wäldern der Umgebung herbeischafften. Insgesamt aber galt lange Zeit die Feststellung in einem Handbuch von 1801: „An Industrie steht die Nieder-Lausitz der Obern weit nach."

Industrieller Aufschwung durch Braunkohle

Spätestens ab 1850 sollte sich die Region grundlegend verändern. Nach ersten Zufallsfunden um 1800 bei Zittau und Görlitz kam Braunkohle zunächst als Dünger auf die Felder und als Füllmaterial in den Wegebau. Mit der Nutzung als Brennmaterial wurde später der Muskauer Faltenbogen, der sanft gewellte, hufeisenförmige Höhenzug beiderseits der Lausitzer Neiße von Döbern über Weißwasser und Bad Muskau bis zum heute polnischen Trzebiel, zur Wiege der modernen Braunkohlenwirtschaft in großem Stil. Eiszeitliche Gletscher hatten mit viel Druck Stauchendmoränen geformt –

Lichte Birken-Kiefernwälder und vor allem die ab Spätsommer reich blühende Besenheide gedeihen auf den sandigen Böden im Naturpark Niederlausitzer Heidelandschaft.

In der Universitätsbibliothek präsentiert sich die Stadt Cottbus architektonisch von ihrer modernsten Seite. Der elegante Schwung der Wendeltreppe, entworfen von den Schweizer Stararchitekten Jacques Herzog und Pierre de Meuron, unterstreicht die futuristische Architektur des Gesamtensembles.

und dabei tiefere Schichten mit Braunkohle, Ton und Sanden dicht unter die Bodenoberfläche geschoben, sodass sie leicht ausgebeutet werden konnten. Mit der 1855 patentierten Brikettpresse wurde Baunkohle endgültig zum rentablen Energieträger. Um lange Transportwege zu vermeiden, entstand die erforderliche Industrie – Tagebaue, Kraftwerke, Brikettfabriken – in unmittelbarer Nachbarschaft der immer neuen Kohlegruben.

Von dieser Entwicklung betroffen war auch die Oberlausitz, wenngleich sich dort schon frühzeitig ein vielseitiges Gewerbe mit blühenden Städten entwickelt hatte. Sie profitierte vor allem vom lebhaften Güterverkehr auf der *Via regia*, die als Fernhandelsstraße zwischen West- und Osteuropa die Region querte. Große Erträge brachte seit dem Mittelalter beispielsweise der Handel mit Waidpflanzen aus Thüringen. Ihr blauer Farbstoff für die Tuchmacher hatte seinerzeit als „deutsches Indigo" immer Konjunktur – und Görlitz das äußerst einträgliche Stapelrecht. Auch der Salzhandel war stets ein lohnendes Geschäft: Das „weiße Gold" als wichtigstes Konservierungsmittel von Lebensmitteln wurde überall benötigt. Gehandelt wurde ferner mit den Waren der Leineweber aus der Region, mit Tuchen und nicht zuletzt mit Bier.

Und heute? Schienenfahrzeuge aus Bautzen und Görlitz fahren kreuz und quer durch das Land und zudem in der ganzen Welt. Vielerorts hat die Moderne Einzug gehalten. Ein architektonisches Symbol dafür ist die Bibliothek der Universität Cottbus, die sowohl innen als auch außen futuristisch wirkt und im Jahr 2004 fertiggestellt wurde. Eine stabile Energieversorgung hierzulande ist zudem nicht zuletzt abhängig von den Lausitzer Kohlekraftwerken. Musiker und Konzertbesucher weltweit sind angetan von Instrumenten der Klavier- und Orgelbauer aus der Region. Vom Leben in der Lausitz erzählen Autoren wie Erwin Strittmatter, Jurij Brězan oder Kito

Während Görlitz als Tuchmacher- und Färberstadt bekannt ist, hat das im Westen der Oberlausitz gelegene Pulsnitz eine lange Geschichte als Zentrum des Blaudrucks.

Lorenc, und 2007 machte die junge Schriftstellerin Julia Franck mit ihrem preisgekrönten Roman *Die Mittagsfrau* eine Sagenfigur aus dem Spreewald zur Metapher für eine bewegende Familiengeschichte. Weithin bekannt ist der Zungenbrecher vom Cottbuser Postkutscher („Der Cottbuser Postkutscher putzt den Cottbuser Postkutschkasten") am einstigen Knotenpunkt des Postkutschenverkehrs zwischen Sachsen und Preußen. Das beliebte Pückler-Eis ist eine Reverenz an den extravaganten grünen Fürsten und Landschaftskünstler von Muskau und Branitz. Während die „Lausitzer Füchse" aus Weißwasser wohl eher der kleinen Gemeinde von Eishockey-Fans ein Begriff sind, feiert die Deutschrock-Band Silbermond mit ihren Lausitzer Wurzeln Erfolge im ganzen Land. Und Görlitz ist längst eine begehrte Hollywood-Kulisse für Filme vor historischen Fassaden. Schließlich dürfen in dieser unvollständigen Aufzählung die Lausitzer Gemüsekonserven mit den allseits begehrten Gurken aus dem Spreewald nicht fehlen.

In der großen Geschichte spielte die Lausitz meist eine Nebenrolle, heute liegt sie im Herzen Europas und hat mehr Gewicht denn je.

Ein bisschen Lausitz ist also fast überall. Doch war es bis dahin ein langer Weg. Während andernorts in deutschen Landen spätestens seit dem Mittelalter die Dynastien kamen und gingen, blieb die Lausitz im Windschatten wechselnder Herrschaften. Jenseits der natürlichen Grenzen an Flüssen, Bergen und Wäldern galt das Siedlungsgebiet von Deutschen und Sorben lange Zeit als *terra abscondita*, als ein verborgener Landstrich. Neben polnischen, deutschen und brandenburgischen Herrschern gewährte vor allem die böhmische Krone der Region über Jahrhunderte Schutz und Auskommen. Im großen und mächtigen Königreich Böhmen sei die Lausitz eines der Nebenländer gewesen, „deren Herren von einer eingebildeten Selbstständigkeit viel her machten", beschrieb der Historiker Golo Mann (1909–1994) aus der berühmten Schriftstellerfamilie die Situation im Zeitalter des Dreißigjäh-

Eine der Stationen bei einem Rundgang durch den Fürst-Pückler-Park Branitz bei Cottbus ist die historische Parkschmiede, die um 1850 im Stil der englischen Neogotik erbaut wurde. Ursprünglich war sie zugleich Schmiede, Tor- und Wohnhaus, heute hat die Forschungsstelle Pückler darin ihren Sitz.

rigen Krieges: „Der König, Rudolf, residierte drei Tagereisen von hier, auf seiner Burg in der großen Stadt Prag."

Große Geschichte wurde in der Lausitz denn auch nur selten geschrieben. Doch unter den Folgen politischer Entscheidungen hatte das Gebiet immer wieder zu leiden. Die Eingliederung der slawischen Bevölkerung in den mittelalterlichen deutschen Herrschaftsbereich war ganz sicher nicht nur eine Erfolgsgeschichte von Gemeinsamkeit und Toleranz, sondern bedeutete zweifellos für zahllose Menschen auch Gewalt und Tod. Zerstörungen, Verwüstungen und Todesopfer brachten die Hussitenkriege ebenso wie der Dreißigjährige Krieg, als die gegnerischen Truppen wiederholt über die Lausitz und ihre Städte hereinbrachen. Was die Herrschenden im Jahrhundert nach der Reformation zur Auseinandersetzung um den rechten Glauben erklärten, erwies sich zusehends als brutaler und opferreicher Krieg um weltliche Macht und politischen Einfluss. Deshalb verband der Liederdichter Paul Gerhardt, der in der Stadtkirche von Lübben im Spreewald begraben liegt, sein Dankeslied für den Friedensschluss von 1648 mit einer mahnenden Erinnerung an die „zerstörten Schlösser und Städte voller Schutt und Stein". In die Annalen des Siebenjährigen Krieges ist die Lausitz mit der Schlacht von 1758 bei Hochkirch eingeschrieben. Sie gilt als zweite persönliche Niederlage des Preußenkönigs Friedrich II., dem wohl ein unglücklich gewählter Lagerplatz zum militärischen Verhängnis wurde.

Friedlich wirkt die weite Auenlandschaft am Zusammenfluss von Oder und Neiße. Bei Hochwasser verwandeln sich die Uferwiesen in eine riesige Wasserlandschaft.

Ähnliche Schreckensbilder wie die 1648 von Paul Gerhardt beschriebenen bestimmten 300 Jahre später erneut die Landschaft. Als der Zweite Weltkrieg mit voller Wucht in den deutschen Osten zurückkehrte, fand sich die Lausitz mitten zwischen den Fronten wieder. Erneut fielen Städte und Schlösser in Schutt und Asche. Besonders in den opferreichen Kämpfen der letzten Kriegswochen verloren viele Orte ihr historisches Gesicht. Die Nachkriegszeit und vier Jahrzehnte sozialistischer Mangelwirtschaft in der DDR taten ein Übriges für den Verlust von Baudenkmälern aus vergangenen Jahrhunderten. Vernachlässigung und willkürliche Nutzung schädigte insbesondere herrschaftliche Anwesen wie alte Ritter- und Landgüter, deren Besitzer einst die Lausitz über Generationen geprägt und wirtschaftlich vorangebracht hatten. In kommunistischer Weltsicht galten sie jedoch als Relikte einer für überwunden erklärten Epoche. Aus den enteigneten Gebäuden wurden ohne Rücksicht auf ihren historischen Wert kommunale oder soziale Einrichtungen – von Verwaltungen, Bildungsstätten und Erholungsheimen bis hin zu den berüchtigten Jugendwerkhöfen. Manches Anwesen wie das Schloss in Lübbenau entging nur knapp dem Abriss.

Landschaft im Wandel

Der Geierswalder See bei Hoyerswerda ist aus dem ehemaligen Braunkohletagebau Koschen hervorgegangen. Das Gewässer ist heute ein beliebtes Freizeitrevier.

Umso eindrucksvoller sind die positiven Veränderungen durch privates Engagement an vielen Orten seit 1990. Mehr als zwei Jahrzehnte nach der Wiedervereinigung präsentiert sich die Lausitz als eine Landschaft im Wandel. Am deutlichsten ist dies überall dort erkennbar, wo bis zum Ende der DDR Braunkohle gefördert wurde. „Gott schuf die Niederlausitz, und der Teufel vergrub die Kohle in ihr", sagen die Menschen seit jeher in der Region. Heute sind kleine rote Teufelchen die Maskottchen bei Touristentouren durch Bergbaulandschaften. „Die Kohle gibt – die Kohle nimmt", lautet ein anderes geflügeltes Wort. Allein in der Lausitz fielen seit 1924 über 130 Orte dem Bergbau zum Opfer. Abriss und Umsiedlung trafen bisher mindestens 25 000 Menschen. Zwar gibt es von den einst 17 Tagebauen und 23 Brikettfabriken in der DDR jeweils nur noch fünf. Doch die geplanten neuen Förderstätten schließen das Verschwinden weiterer Siedlungen nicht aus. So bleibt die Braunkohlewirtschaft trotz Energiewende und der Suche nach alternativen Energien eine ständige Gratwanderung zwischen ökonomischen Interessen und der Bewahrung von Lebensraum. Andererseits gerät bei aller berechtigten Sorge bisweilen in Vergessenheit, dass in der

Niederlausitz nach wie vor vier Fünftel der Fläche land- und forstwirtschaftlich genutzt werden.

Für Relikte der alten Braunkohle-Ära, die inzwischen zu Denkmälern der Industriekultur wurden, interessieren sich immer mehr Besucher aus dem ganzen Land. An anderen Stellen können sie mitverfolgen, wie sich zwischen Berlin und Bautzen die unwirtliche Marslandschaft von stillgelegten Tagebauen langsam zur größten künstlichen Seenlandschaft in Europa wandelt. Die Weichen für das Lausitzer Seenland mit etwa 30 Seen hat nicht zuletzt die 2010 abgeschlossene Internationale Bauausstellung (IBA) Fürst-Pückler-Land gestellt.

Gleichwohl muss sich die derzeit größte Landschafts- baustelle Europas bei Touristen und Urlaubern erst noch als einzigartige Freizeitadresse der Zukunft etablieren. Dagegen führen der Spreewald im Norden und das Zit- tauer Gebirge im Süden seit Jahrzehnten schon ein touris- tisches Eigenleben.

Es begann um die Mitte des 19. Jh. und lockte seither Millionen von Besuchern an. In beiden Gebieten lassen sich Natur und Landschaft weitgehend unbeschadet von gravierenden Veränderungen erleben. Bei Streifzügen etwa durch die Oberlausitzer Mittelgebirgslandschaft drängen sich bisweilen Worte von Kurt Tucholsky auf. „Was aber ist Deutschland, wenn nicht seine Wiesen, seine Wälder, seine Flüsse und seine Bäume?", fragte er einst rhetorisch und kam zu dem Schluss: „Nun ist ein alter Baum ein Stückchen Leben. Er beruhigt. Er erinnert. Er setzt das sinnlos heraufge- schraubte Tempo herab, mit dem man unter großem Geklapper am Ort bleibt." Wer die Entschleunigung sucht, wird auch heute noch in der stillen, sanft bewegten Landschaft fündig.

Vom Spreewald zeigten sich Reisende schon lange vor Fontane beein- druckt. Der Schweizer Astronom und Geograph Johann Bernoulli etwa entdeckte dort 1779 „schwarz und rot Wildpret in Menge" und eine vielfäl- tige Vogelwelt. Neben Kranichen, Adlern, Reihern, Fasanen und Rebhühnern gebe es „schwarze und bunte Störche" sowie „Trappen, die, wenn sie jung sind, wie Truthahn schmecken". Zehn Jahre später schwärmte ein Pfarrer namens Christian Gottlieb Schmidt von der Herrnhuter Brüdergemeine: „Es gewährt auch in der Tat eine höchst interessante Spazierfahrt, wenn man zwischen lauter Wiesen, unzähligen Schobern Heu abwechselnd mit Ge- büsch und kleinen niedlich bestellten Ackerstücken dahin schwimmt und von einem Zusammenfluss von Singvögeln – freilich auch oft von Mücken – begleitet wird, und man kann sicher behaupten, dass der Spreewald in Deutschland die einzige Gegend in ihrer Art ist, deren eigentümliche Schön- heit der Aufmerksamkeit jedes Reisenden wohl wert ist."

Eine dichte Ufervegetation begleitet die verzweigten Fließe im Spreewald wie hier bei Vetschau. Manche Teile der einzigartigen Gewässerland- schaft erfreuen sich eines regen Zu- stroms von Touristen.

Oder
Krosno Odrzańskie

cz
Lubsko
ody
örten)

Krzystkowice
(Christianstadt)

Bobr (Bober)

Lipinke
Żary
(Sorau)
Żagań

nbogen

Przewóz

Heide

Steinbach
Rietschen

POLEN

Niesky
Horka

Neiße

Piensk
(Penzig)

Boleslawiec
(Bunzlau)

Görlitz
Zgorzelec

Berzdorfer See

Schafberg

Lubań
(Lauban)

r Bergland
Herrnhut
Ostritz

ersdorf

Kloster
Marienthal

Lwówek
(Löwenberg i.Schl.)

Lesna

Gryfów
(Greifenberg)

Bogatynia
roßschönau
Zittau

auer Gebirge
Jonsdorf
Oybin
en

Frýdlant
(Friedland)

Chrastava

LIK
Lückendorf

Jeschkengebirge

Jelenia Góra
(Hirschberg)

D ie Lausitz, im Osten der Republik zwischen Berlin und Dresden sowie der Grenze zu Polen und Tschechien gelegen, vereint auf ihrem Gebiet drei denkbar unterschiedliche Landschaften. Die harmonische Berg- und Tallandschaft der Oberlausitz geht nördlich der Autobahn Dresden–Görlitz über in die auf den ersten Blick etwas eintönige Ebene der Niederlausitz mit ihren ausgedehnten Wald- und Heideflächen. Im Nordwesten dann schließt sich die Region mit dem Wasserlabyrinth des Spreewaldes an, eine Flusslandschaft, die in ganz Europa ohne Beispiel ist.

Bis zum Ende des Zweiten Weltkrieges reichte die historische Lausitz im Osten bis zum heute polnischen Fluss Bober. Im Süden gehörte das gesamte Lausitzer Gebirge dazu, das seit 1945 von der deutsch-tschechischen Grenze gequert wird. Die heutige Lausitz mit insgesamt etwa 1 Mio. Menschen in den Bundesländern Sachsen und Brandenburg, darunter rund 60 000 Angehörige des slawischen Volkes der Sorben, ist besonders im Norden von 150 Jahren Braunkohlewirtschaft geprägt. Zahlreiche stillgelegte Kohlegruben werden gegenwärtig durch umfangreiche Rekultivierungsmaßnahmen zum neuen Lausitzer Seenland. Von neuen Gewässerlandschaften erhoffen sich die Menschen eine Belebung der Lausitz als attraktive Tourismus-Region.

Oberlausitz – die vielfältigen Gesichter einer Landschaft

Die Städte und Dörfer der Lausitz spiegeln eine mehr als tausendjährige Siedlungsgeschichte. Noch immer geht die Uhr zwischen Bischofswerda und Görlitz etwas langsamer.

Die Landschaft der Oberlausitz ist ein Wechselspiel von weiten Fernen und engen Tälern, dunklen Wäldern und hohen Bergen, kleinen Bächen und großen Seen. Schlösser, Parks und Gärten wie in Bad Muskau, Gröditz und Rammenau, in Königswartha, Neschwitz oder Milkel machen feudale Vergangenheit bis in die Gegenwart lebendig. In den Städten und Dörfern zwischen Pulsnitz und Görlitz, von Zittau bis nach Hoyerswerda und Weißwasser ist Geschichte geradezu mit Händen zu greifen.

Die Anfänge der Gemeinden reichen vielerorts zurück bis in die Sorbenzeit. Die slawischen Siedler ließen sich häufig entlang der großen Handels-

Die Böhmische Brücke mit den beiden ungleichen Bögen ist das Wahrzeichen von Obergurig im Landkreis Bautzen. Sie führt seit 1724 über die noch junge Spree.

wege nieder, die seit alters durch die Region führen und bis heute in den Straßenführungen erkennbar sind. Als einer der beschwerlichen Wege über die Lausitzer Berge zu den Handelsplätzen im Süden führte einst der Böhmische Steig durch dichte Wälder in den heute tschechischen Schluckenauer Zipfel und von dort aus weiter nach Böhmen hinein. Erhaltene Zeugen der früheren Wegeführung von Bautzen nach Prag sind Brücken über die Spree, die zunächst als Holzbrücken errichtet und später durch stabilere Feld- oder Bruchsteinbrücken ersetzt wurden.

In Kirschau, wo der Böhmische Steig auf eine Handelsstraße von Halle an der Saale nach Zittau traf, errichteten die Sorben schon um das Jahr 1000 ihre Burg Korzym. Die deutschen Siedler im 13. Jh. nutzten die gleiche Stelle für eine neue Burganlage, die sie in Anlehnung an den sorbischen Vorgängerbau Körse nannten. Auf einem Felsvorsprung gelegen, sollte die größte und stärkste Burg der Oberlausitz die Handelswege nachhaltig vor Raub und Überfällen schützen. Doch bald tummelten sich dort Raubritter, weshalb der Sechsstädtebund die Körse 1352 kurzerhand in Schutt und Asche legte. Eines der wenigen erhaltenen Zeugnisse aus jener bewegten Zeit ist das frühere Burgtor auf dem Burgberg.

In der Nähe von Wilthen, das deutlich älter ist als seine erste urkundliche Erwähnung im 13. Jh., markiert die Waldgaststätte *Jägerhaus* einen uralten Ort der Einkehr an der Handelsstraße nach Süden. Schon seit dem Mittelalter boten zwischen dem Mönchswalder und dem Adlersberg Gasthäuser den Reisenden bei Wind und Wetter Schutz und Unterkunft mitten im Wald. Seit 1939 grüßt dort die Wanderer und Besucher eine überlebensgroße Figur des Pumphut mit großem Hut, wallendem Bart und weit ausgebreiteten

Das Lausitzer Bergland ist eine Landschaft, die von zumeist sanften Hügeln geprägt wird. Dort, wo es deutlichere Erhebungen gibt, wird es geologisch als Mittelgebirge bezeichnet.

Eine Region mit alten Handelswegen, die von Burgen bewacht und von Raubrittern bedroht wurden.

Armen. Der sagenhafte Hexenmeister ist ein Geistesverwandter des legendären sorbischen Zauberers Krabat und besonders im Oberlausitzer Bergland populär.

Neben dem Böhmischen Steig führte eine andere historische Verbindung mit dem Süden über Löbau nach Zittau, das seinerseits durch die Neiße-Talrandstraße mit Görlitz und von dort aus mit dem Handelsplatz Ostsee verbunden war. Dem Schutz der Fuhrleute beim Gebirgsübergang oberhalb von Zittau dienten vormals die Burg Karlsfried und die Alte Falkenburg, deren Reste heute im deutsch-tschechischen Grenzgebiet bei Lückendorf liegen. Dort sind sie ebenso beliebte Wanderziele wie etwa das Böhmische Tor, durch dessen imposante Felsen sich früher eine Landstraße zwängte.

Der Müllerbursche Martin Pumphut soll seine magischen Fähigkeiten einer Schlange verdanken, die ihn als Kind am Auge leckte.

Wie der Zeit enthoben wirkt das abendliche Panorama der mittelalterlichen Stadt Bautzen mit der Alten Wasserkunst (links) und der Michaeliskirche (rechts daneben).

Der Handel verhalf zu frühem Reichtum

Doch die wichtigste Handelsroute durch die Lausitz war zweifellos die west-östliche *Via regia*. Die über tausendjährigen Städte Bautzen und Görlitz lassen schon im Stadtbild erkennen, wie der europaweite Handel und Wandel entlang dieser Straße auch kulturelle Einflüsse in die Region brachte. Bautzen als heimliche Hauptstadt der Oberlausitz bringt es immerhin auf 1500 denkmalgeschützte Gebäude, und Görlitz zählt sogar fast 4000 historische Baudenkmäler von der Gotik bis zur Gründerzeit des späten 19. Jh.

Von und mit ihrer Geschichte leben auch die übrigen Orte des Sechsstädtebundes, der die Entwicklung der Oberlausitz zwischen Kamenz und Zittau sowie bis ins heute polnische Lauban über Jahrhunderte maßgeblich prägte. Löbau als Gründungsort des Bündnisses von 1346 verdankt sein heutiges Stadtbild dem Wiederaufbau nach dem großen Stadtbrand von 1710. Dabei stammen Teile des barocken Rathauses auf dem Altmarkt noch aus dem 14. Jh. Der Ort entstand mit der deutschen Ostkolonisation als Handelszentrum und ist 1221 erstmals erwähnt. Die Silhouette der Stadt überragen der Löbauer Berg und der Schafberg, beide sind etwa 450 m hoch. Dieser Doppelgipfel ist aus Basaltstein aufgebaut und Ergebnis vulkanischer Aktivität. Nicht weit von der Stadt entfernt befindet sich am Berg Kottmar eine der drei Spreequellen.

Im 19. Jh. boomte die alte Leineweberstadt als Zentrum der Textilbranche. 1835 wurde beispielsweise eine Rot- und Buntfärberei gegründet. Zudem tragen seit 1859 die Instrumente der renommierten Klavierbauerfirma August Förster den Namen der Stadt weit über deren Grenzen. Zunächst hatte der eigentlich als Tischlergeselle ausgebildete Friedrich August Förster in seiner Freizeit Musikinstrumente gebaut. Dieses Hobby münzte der umtriebige Handwerker bald zu seinem Beruf um: Er ließ sich bei den Klavierbauern Hieke und Karl August Eule zum Instrumentenmacher ausbilden und richtete bald im zweiten Stock eines Hinterhauses eine kleine Werkstatt ein, die wenige Jahre später zu eng wurde. 1862 entstand daher etwas abseits der damaligen Stadt ein kleines Fabrikationsgebäude. 1972 wurde der Betrieb in den Volkseigenen Betrieb VEB Flügel- und Pianobau Löbau umgewandelt. Vier Jahre später wurde der Familienname wieder in die Firmierung aufgenommen. Man war sich der Werbewirksamkeit des Traditonsnamens gerade im Exportgeschäft bewusst geworden. 1991 gelang die Reprivatisierung, so besteht der Betrieb wieder im Familienbesitz fort und etwa 40 Mitarbeiter fertigen jährlich an die 110 Flügel und 150 Pianos in Handarbeit nach bewährten Methoden.

Die Villa Schminke – eine Ikone der Moderne

Abseits der Altstadt bietet Löbau unvermittelt die Begegnung mit einer Ikone der klassischen Moderne. In der Kirschallee verwirklichte der Architekt Hans Scharoun (1893–1972) zwischen 1930 und 1933 seinen Kindheitstraum, einmal „ein Haus wie ein Schiff" zu bauen. Tatsächlich verleihen stählerne Treppen und Brüstungen, Gartenteich und große Glasfronten der *Villa Schminke* einen Hauch von maritimem Flair. Nach jahrzehntelanger Fremdnutzung zwischen 1945 und 1990 steht das extravagante Gebäude der einstigen Löbauer Fabrikantenfamilie Schminke nunmehr jedermann offen. Grundlegend saniert, lädt es ein zu Veranstaltungen, aber auch zum vorübergehenden Wohnen im stilvollen Ambiente des Neuen Bauens im vorigen Jahrhundert.

Am Anfang waren die Sorben

Kamenz in der westlichen Oberlausitz erinnert mit seinem Städtenamen an die frühere sorbische Siedlung Kamjenc. Von dem ursprünglichen „Ort am Stein", den deutsche Siedler später ähnlich wie Löbau planmäßig ausbauten, ist heute jedoch kaum noch etwas zu sehen: Auch diese Stadt legten seit dem

Umgebindehäuser – Symbole traditionsreicher Dorfkultur

Umgebindehäuser sind mehr als nur Wohnhäuser. Sie sind Ausdruck einer Lebenshaltung, die für Tradition steht, für eine enge Verbundenheit mit Geschichte und Lebensweise vorangegangener Generationen. Diese haben über Jahrhunderte hinweg den einzigartigen Charakter der Anwesen bewahrt. Die Umgebindehäuser mit ihren typischen Fensterfeldern zwischen den Holzbalken im Erdgeschoss, dem Fachwerk darüber und den zahllosen Verzierungen im Detail künden von einer ausgeprägten Individualität. Liebevoll angelegte Gärten und blühende Sommerblumen auf den Fensterbänken machen sie in zahlreichen Dörfern des Lausitzer Oberlandes zur wahren Augenweide. Die Bauweise entstand im 16. Jh. Bis heute gibt es dafür Tausende Beispiele in der historischen Oberlausitz, also auch im angrenzenden Nordböhmen und im westlichen Polen.

Tragende Holzbogen

Die Gesamtzahl solcher Häuser wird im grenzüberschreitenden „Umgebindeland" auf etwa 19 000 geschätzt. Manche haben nach den Jahrzehnten sozialistischer Mangelwirtschaft ihre Wiedergeburt als kulturgeschichtliches Kleinod noch vor sich. Gleichzeitig aber belegen sorgsam restaurierte Häuser, wie verfallende Ruinen durch handwerkliches Geschick wieder in wahre Schmuckstücke verwandelt werden können. Die Lausitzer Umgebindehäuser, die in Europa einzigartig sind, verdanken ihren Namen der Kombination von slawischem Blockbau und fränkischem Fachwerk: Um die Blockstube herum ist eine hölzerne Stützkonstruktion – das „Umgebinde" – gebaut, die das Dach oder das Obergeschoss trägt. In den ersten Häusern vor allem von Kleinbauern, Gärtnern und Häuslern lag die Blockstube mit dem Wohnbereich auf einer Ebene mit Herd und Stall. Später klapperten in den Umgebindehäusern von Weberdörfern wie Großschönau, Waltersdorf oder Cunewalde die Webstühle.

Das Reiterhaus

Ein Prachtexemplar ist in Neusalza-Spremberg das um 1660 errichtete Reiterhaus. Der hölzerne bunte Reiter an der Giebelseite ist eine Siegestrophäe, welche die Tochter des Hauses 1874 bei einem „Ritterstechen" auf der Kirmes im benachbarten Lauba gewann. Das wohl älteste Lausitzer

Umgebindehaus ist inzwischen Museum. Ein etwa gleichaltriges Haus aus Wilthen indes existiert nur noch als Miniatur im Park von Cunewalde. Die meisten Umgebindehäuser in der Region sind um die 200 Jahre alt. Viele ihrer früheren Bewohner haben die Truppen Napoleons vorüberziehen sehen und über ein Jahrhundert später auch die Soldaten zweier Weltkriege.

Noch immer drehen sich die Flügel der alten Bockwindmühle von Kottmarsdorf (großes Bild). Obercunnersdorf ist mit über 250 Umgebindehäusern ein siedlungsgeschichtliches Kleinod (links oben). Das Reiterhaus wurde im 17. Jh. erbaut (rechts oben); auch in Jonsdorf kann man zahlreiche renovierte Umgebindehäuser bewundern (rechts).

13. Jh. große Stadtbrände wiederholt in Schutt und Asche. Nach dem letzten Großfeuer von 1842 erhielt Kamenz als neues Rathaus einen Palazzo im Stil der Neorenaissance. Damit setzte sich der Schinkel-Schüler Carl August Schramm (1807–1869) ein bleibendes Denkmal. Bekannter indes ist Kamenz als Lessing-Stadt. Zwar wurde das Geburtshaus des Dichters Gotthold Ephraim Lessing (1729–1781) beim Stadtbrand von 1842 zerstört. Doch anlässlich des 200. Dichtergeburtstages erhielt die Stadt ein Literaturmuseum, das seither verlässlich und anschaulich über Leben und Werk des großen Aufklärers informiert. Ergänzend dazu können in der Marienkirche die Grabtafel von Lessings Eltern und das Taufbecken, über dem der Pfarrerssohn getauft wurde, besichtigt werden. Zudem widmet die Kreisstadt ihrem größten Sohn alljährlich zwischen dem Geburtstag am 22. Januar und dem Todestag am 15. Februar Literaturtage mit Lesungen, Theater und Diskussionen.

Wie ein venezianischer Palast wirkt das rote Rathaus von Kamenz, das 1848 fertiggestellt wurde (oben rechts). Die Architektur wurde von Karl Friedrich Schinkel entworfen.

Im Lessing-Museum von Kamenz begrüßt eine Statue des Dramatikers und Fabeldichters den Besucher (oben). Das Gebäude, in dem sich im Erdgeschoss das Museum befindet, wurde 1931 eingeweiht.

Kostbares an der Via sacra

Die Kamenzer Stadtbrände überstanden außer dem Hotel *Goldener Hirsch* auch die mittelalterlichen Kirchen. Die spätgotische Hauptkirche St. Marien aus dem 15. Jh. ist nördlich der Alpen die einzige aus Granit errichtete Hallenkirche. Ihr 66 m hoher Turm ist weithin sichtbar und ermöglicht nach 174 Stufen in luftiger Höhe eindrucksvolle Ausblicke. Am anderen Ende der Altstadt präsentiert sich die St.-Annen-Kirche des einstigen Franziskanerklosters von 1499 als ein modernes Museum für sakrale Kunst. Im Mittelpunkt stehen fünf Flügelaltäre aus dem frühen 16. Jh. Bei der Sanierung des spätgotischen Kirchenraumes wurden Wand- und Deckengemälde aus seiner

Entstehungszeit freigelegt, und Exponate wie ein böhmisches Reliquienaltär-
chen aus der Zeit um 1380 und Tafelbilder des Cranach-Schülers Wolf
Krodel (um 1500–1561) vermitteln Einblicke in das kirchliche Leben zwischen Mittelalter und Reformation in und um Kamenz.

Mit dem musealen Kleinod ist die Stadt eine der Stationen an der modernen touristischen Straße *Via sacra*, die im Dreiländereck von Deutschland, Polen und Tschechien 16 markante kirchliche Orte verbindet. In der
Lausitz gehören die Klöster Marienstern und Marienthal, die Zittauer Fastentücher und der Oybin ebenso dazu wie die Brüder-Unität in Herrnhut,
der Bautzener Dom mit seiner Schatzkammer, das Hei-
lige Grab und die Peter- und Paul-Kirche in Görlitz
sowie die Dorfkirche von Cunewalde im Oberlausitzer
Bergland. Das 1793 eingeweihte Gotteshaus gilt als
größte Dorfkirche des Barock in ganz Deutschland.
Kirchenbesucher erleben dort alljährlich am Heilig-
abend eine ganz besondere Christnacht, wenn Kinder und Jugendliche mit
den Kerzen von Dutzenden Lichterpyramiden den abgedunkelten Kirchenraum in festlichem Glanz erstrahlen lassen. Die Pyramiden ersetzten einst in
den Weberfamilien den teuren Weihnachtsbaum.

Neben der Kirche macht der Umgebindehaus-Park mit seinen 16 Minia-
turen neugierig auf die Wohnhäuser der Oberlausitzer Weberdörfer. Allein in
Cunewalde gibt es etwa 400 dieser typisch Oberlausitzer Häuser, in Obercunnersdorf stehen 260 unter Denkmalschutz und in Waltersdorf 230.

Ganz anders als im beschaulichen Bergland präsentieren sich Natur und
Landschaft in der nördlichen Oberlausitz. Dort bestimmen vor allem Heide

Zu den wenigen Überresten der Stadtbefestigung von Kamenz aus dem 14. Jh. gehört der Rote Turm neben der Marienkirche, der einst das Pulsnitzer Tor sicherte.

Klöster, Kirchen und Kapellen sind Zeugnisse einer tief verwurzelten Volksfrömmigkeit.

und Kiefernwälder das Bild. Der Horizont wird weiter; unübersehbar rücken die Spuren des jahrzehntelangen Braunkohleabbaus ins Blickfeld. Eines seiner Zentren war einst die alte sorbische Stadt Hoyerswerda. Sie verlor jedoch durch Bomben des Zweiten Weltkrieges weitgehend ihr historisches Gesicht und wurde in der DDR um eine Neubaustadt für die Energiearbeiter erweitert.

In Weißwasser schildert das Glasmuseum in der Gelsdorf-Villa den Aufschwung des einstigen Heidebauerndorfes zu einem Zentrum der Glasindustrie im 19. Jh. Seit 1895 ist Weißwasser durch die einzige deutsche 600-Millimeter-Schmalspurbahn mit Bad Muskau verbunden. Zu der Kleinstadt im nördlichsten Zipfel der Oberlausitz gehört mit Schloss und Park des legendären Fürsten Hermann Ludwig Heinrich von Pückler-Muskau (1785–1871) eine einzigartige Attraktion, die auf der Liste des UNESCO-Welterbes steht.

Bergeshöhen und weite Fernen

Die landschaftliche Vielfalt der Oberlausitz reicht von dichten Wäldern auf den Höhen im Süden bis zur Heidelandschaft in der weiten Ebene am Übergang zur Niederlausitz im Norden. Von den Bergeshöhen bieten sich faszinierende Ausblicke. Als geografischer Mittelpunkt gilt Löbau mit seinem Hausberg und dem einzigen noch erhaltenen gusseisernen Aussichtsturm der Welt. Gleichzeitig war dieser 1854 errichtete Turm die wahrscheinlich

Weite Ausblicke über die sanften Höhen des Oberlausitzer Berglands bieten sich in der Gegend um den Kottmar. In der Ferne zeichnen sich die markanten Kuppen des Zittauer Gebirges ab.

älteste gusseiserne Turmkonstruktion und somit eine technische Pionierleistung. Der beispiellose Rundblick nach 120 Stufen schweift weit über die Stadt und das Oberlausitzer Bergland bis zum Czorneboh und an Bautzens Türmen vorbei bis in die Niederlausitzer Tiefebene. In entgegengesetzter Richtung reicht die Fernsicht bis zum Zittauer Gebirge mit der 792 m hohen Lausche sowie zum Riesengebirge und anderen Bergketten im Böhmischen.

Der Turm auf dem knapp 450 m hohen Berg ist dem Löbauer Bäckermeister Friedrich August Bretschneider zu verdanken, der das filigrane Meisterwerk dem sächsischen König Friedrich August (1797–1854) widmete und sich dafür bis über beide Ohren verschuldete. Dabei hat der königliche Namensvetter die Einweihung auf dem Löbauer Berg gar nicht mehr miterlebt: Der König verunglückte kurz zuvor tödlich bei einer Reise durch Tirol.

Der 561 m hohe Czorneboh ist die höchste Erhebung der nach ihm benannten Bergkette, die südlich von Bautzen von der Spree bis zum Löbauer Wasser reicht. Der Name des Berges wird gewöhnlich mit dem Sorbenmythos um den Schwarzen Gott (Čorny Bóh) in Verbindung gebracht – was allerdings mit Vorsicht zu genießen ist. Zwar ist der Czorneboh von zahlreichen alten Dörfern umgeben. Doch der Nachweis einer sorbischen Kultstätte auf dem Schleifberg, wie er ursprünglich hieß, steht bislang noch aus. Wahrscheinlich ist die heutige Bezeichnung nichts anderes als eine Umdeutung des sorbischen *čorny bok* für schwarze Flanke. Auch beim knapp 500 m hohen Bieleboh – einst Hoher Wald – weiter südlich führt der Verweis auf einen Weißen Gott der Sorben in die Irre. Die heute gebräuchlichen Namen der Berge auf beiden Seiten des Cunewalder Tales leben wohl eher vom romantischen Blick des 18. Jh. auf die sorbische Geschichte der Region.

Einzigartig in Europa ist der gusseiserne König-Friedrich-August-Turm auf dem Löbauer Berg: Nach 120 Stufen hat man auf einer Höhe von 28 m einen wunderbaren Rundblick über das Lausitzer Bergland.

Fluss auf Nordkurs – die Spree

Auf gut 583 Höhenmeter bringt es der Kottmar, der vor allem wegen der drei Spreequellen auf dem Berg und zu seinen Füßen in Ebersbach und in Neugersdorf bekannt ist. Der Fluss sei am Anfang seines 400 km langen Weges nach Norden noch „ein echtes urwüchsiges Gebirgskind", befand der Reiseschriftsteller August Trinius 1887 in seinen *Spree-Landschaften*. Geradezu überschwängliche Begeisterung spricht aus seinen Worten für das „Silberbächlein", das in der südlichen Oberlausitz „mit hellen, fröhlichen Augen dem Gebirge entspringt und nun in ausgelassener Lust und Lebensfreude herniederhüpft, bald zur Rechten, bald zur Linken eine neue Wasserader aufnehmend, über bemooste Granitblöcke, unter Farrenkräutern und

Die Oberlausitzer Teich- und Heidelandschaft mit ihren stillen Gewässern reicht im Norden bis in die Niederlausitz und ist damit die größte zusammenhängende Teichlandschaft in Mitteleuropa.

nickenden Blumen hinabstrudelt, quirlt und tanzt, lachend den weißbärtigen Tannen und Fichten am Wege die Wasserperlen in das runzelige Antlitz schleudernd und ihre ernsthaften Lehren und Ratschläge für die Welt tief unten mit übermütigem Scherze beantwortend …"

Zwischen Neugersdorf und Ebersbach ist die Spree kurzzeitig deutsch-tschechischer Grenzfluss. Nach dem Oberlausitzer Bergland fließt sie hinter Großpostwitz durch ein tief eingeschnittenes Tal, bevor sie später den Felssporn von Bautzen umfließt. Nördlich der Stadt bildet der Fluss ein Binnendelta, die Kleine Spree trennt sich ab und vereinigt sich erst bei Spreewitz wieder mit dem Hauptfluss. Das Lausitzer Tiefland wird so auf verschlungenen Wasserwegen erreicht.

Im „Land der tausend Teiche"

Das dünn besiedelte Gebiet gilt als die Gegend mit den meisten Fischteichen in ganz Deutschland. Hunderte von Teichen zeugen von einer florierenden Fischwirtschaft, die dort schon seit Jahrhunderten zu Hause ist. Die ersten wurden bereits vor 750 Jahren angelegt, um das Jahr 1900 war ihre Zahl auf mehr als 3000 angestiegen. Heute widmen sich im „Land der tausend Teiche" zwischen Königswartha und Rietschen zahlreiche mittlere und kleinere Betriebe der Aufzucht und der Verarbeitung von Fisch.

Die Teiche sind Lebensraum von mehr als 5000 Pflanzen und Tieren, die in der Teichlausitz zu Hause sind – unter ihnen über 1000 seltene und gefährdete Arten. Seit 1994 genießen sie im einzigen Biosphärenreservat Sachsens besonderen Schutz. Mit etwas Geduld lassen sich dort Kraniche und Seeadler beobachten. Die ganz besondere Aufmerksamkeit der Naturschützer gilt den Fischottern. Obwohl diese Tiere aus der Oberlausitzer Teich- und Heidelandschaft nie völlig verschwunden waren, sind sie in Sachsen vom Aussterben bedroht. Gleichwohl gilt der Bestand von bis zu 120 geschätzten Tieren deutschlandweit als eine der größten Populationen des Wassermarders. Sein Hauptfeind sei nicht die fehlende Nahrung, sondern der Straßenverkehr entlang von Teichen und anderen Gewässern, sagen Experten. Eine neue Heimat haben in jüngster Zeit in der Oberlausitz Wölfe gefunden. Ihre „Hausanschrift" ist der Erlichthof in Rietschen. In der Siedlung historischer Schrotholzhäuser, die vor der Zerstörung durch Braunkohlebagger in umliegenden Dörfern bewahrt und am Erlichtteich neu errichtet wurden, ist ihnen nicht nur eine Ausstellung in der Wolfsscheune gewidmet. Im Kontaktbüro Wolfsregion Lausitz verbinden die Mitarbeiter die wissenschaftliche Begleitung der Lausitzer Rudel mit gleichermaßen sachkundiger und geduldiger Aufklärungsarbeit zum hartnäckigen Mythos vom „bösen" Wolf.

Auf dem Vormarsch: Wölfe in der Lausitz

Auf einmal waren sie da. Sie hatten sich nicht angekündigt, und niemand hat sie kommen sehen, bis dann 1996 in der Muskauer Heide erstmals wieder Wolfsspuren auftauchten. Vier Jahre später konnten in diesem Teil der Oberlausitz die ersten Welpen nachgewiesen werden. Nach anderthalb Jahrhunderten waren die Wölfe nach Deutschland zurückgekehrt. Mit dem ersten Wolfsrudel aus Polen kamen auch die Vorurteile wieder. Denn jeder Riss von Schafen schien zu bestätigen, was bisher lediglich im Märchen galt: Der „böse Wolf" frisst Lämmer und schreckt sicher auch vor Menschen nicht zurück .

Die Mitarbeiter im Kontaktbüro Wolfsregion in Rietschen indes wissen es besser. Zum Beispiel, dass sich die streng geschützten Tiere hauptsächlich von Rehen, Hirschen und Wildschweinen ernähren. Und dass sie sehr anpassungsfähig sind, aber auch menschenscheu.

Der letzte angestammte Wolf Deutschlands, der 1904 in der Lausitz erlegte „Tiger von Sabrodt", ist im Museum von Hoyerswerda zu bestaunen. Ein lebendes Exemplar wird man in freier Wildbahn jedoch kaum einmal antreffen. Was bleibt, sind Fotos von elektronischen Wildkameras und Spuren in der Landschaft. Dennoch haben die einzigen gesicherten Hinweise mittlerweile einen wahren „Wolfstourismus" ausgelöst.

2012 gab es in der Lausitz elf Rudel mit jeweils zwischen zwei und acht Welpen. Die Gesamtzahl der Wölfe lässt sich jedoch nur schwer ermitteln. Sicher ist dagegen, dass mittlerweile etwa 180 Welpen abgewandert sind – zum Teil über eine Distanz von 1500 km. Um Nutztierverluste durch Wölfe zu vermeiden, werden geeignete Schutzmaßnahmen staatlich gefördert – und im Ernstfall wird außerdem eine Entschädigung gezahlt.

Spuren im Heidesand sind zumeist die einzigen sichtbaren Hinweise auf Wölfe in der Oberlausitz.

Das Sechsstädteland –
Wiege der Oberlausitz

Mit dem Sechsstädtebund von 1346 erschien die Oberlausitz auf Europas
Landkarte erstmals als eine eigenständige Einheit. Fast 500 Jahre lang
prägte das Bündnis die politische und wirtschaftliche Entwicklung.

Der 21. August 1346 ist für die Oberlausitz ein denkwürdiges Datum. An
jenem Tag trafen sich in Löbau Abgesandte aus den sechs wichtigsten Städten der Region, um feierlich ihren Bund zu besiegeln. Die Bundesgenossen
kamen aus Bautzen, Görlitz, Kamenz, Löbau und Zittau sowie aus Lauban,
dem heutigen Lubań in Polen. Das Schutz- und Trutzbündnis in der historischen Oberlausitz zwischen der Schwarzen Elster im Westen und dem schle-
sischen Flüsschen Queis (polnisch: kwisa) im Osten sollte die Menschen „vor
Bösem bewahren", besonders vor der Gefahr der „räuberischen Umtriebe".

Gemeint waren vor allem marodierende Raubritter, aber auch ein hem-
mungslos agierender Landadel. Der böhmische Statthalter in Bautzen, der
eigentlich im Auftrag Prags für Recht und Ordnung zuständig war, ließ die
öffentlichen Belange wohl ziemlich schleifen. So nahmen die Städte ihr

**Das heutige barocke Rathaus von
Löbau wurde nach dem Stadtbrand
von 1710 erbaut. An seine Ursprünge
im frühen 14. Jh. erinnert nur noch
der gotische Turm, der seit 1992 mit
einer dank modernster Funktechnik
präzise funktionierenden Mond-
phasenuhr ausgestattet ist.**

Geschick im fernen Nebenland der Krone in die eigenen Hände. Sie machten die Handelswege sicherer, sorgten sich um den Landfrieden und sprachen in diesem Sinne Recht.

Zugleich formierten sie sich gegenüber dem Adel, der ihren freien Handel behinderte. Das machte die aufblühenden Gemeinwesen stark und selbstbewusst. Die Oberlausitz wurde damals fast so etwas wie ein Freistaat und der Sechsstädtebund seine Wiege. Schon nach wenigen Jahren bestätigte Karl IV. den Städten ausdrücklich das Recht, in „des Königs Namen" Urteile zu fällen und „des Königs Acht" zu verhängen.

Regelmäßiger Treffpunkt des Bündnisses war Löbau, der geografische Mittelpunkt der „Sechslande". Bei den Konventen ging es selbstredend um die gemeinsamen Ziele, aber immer auch ums individuelle Wohlsein: „Weil allhier mit Nutz und Frommen die Sechsstädt zusammenkommen, haben die hochweisen Alten, gute Freundschaft zu erhalten, sich ein großes Glas erlesen, das der, so nicht da gewesen, pflegt auf aller Gutbedünken treu- und redlich auszutrinken." So jedenfalls ist es im 1. Löbauer Konventbuch notiert, und im Stadtmuseum lässt ein kostbarer Glaspokal mit den sechs Stadtwappen kaum Zweifel an diesem Brauch aufkommen.

Empfindlich getroffen wurde das Bündnis in den Wirren der Reformation. Nach Martin Luthers massiver Papstkritik in den Schmalkaldischen Artikeln war ein Krieg zwischen Katholiken und Protestanten unausweichlich geworden. Der mehrheitlich protestantische Sechsstädtebund verwei-

Görlitz und Zgorzelec, getrennt durch die Neiße, bezeichnen sich gemeinsam als Europastadt. Von der 2004 fertiggestellten Fußgängerbrücke blickt man auf die in beherrschender Lage thronende gotische Peterskirche. Görlitz war einst Mitglied im Bund der Oberlausitzer Städte.

In Löbau trafen sich die Repräsentanten der „Sechslande" – dem Wohl der Oberlausitz verpflichtet.

Die reich verzierte barocke Kanzel in der Görlitzer Kirche St. Peter und Paul entstand im Jahr 1693, nach einem Brand, der fast das gesamte gotische Inventar des Gotteshauses vernichtet hatte.

Im Schein der Altstadtbeleuchtung wirken die Rathausarkaden, auch Läuben genannt, und der Untermarkt von Görlitz besonders malerisch.

gerte sich jedoch 1547 einem gemeinsamen Waffengang mit den katholischen Truppen des Kaisers – was die böhmische Krone trotz des Sieges über die Protestanten bei Mühlberg an der Elbe nachhaltig verärgerte: Die Städte hätten sich mit der verletzten Loyalität „ganz ungehorsam, widerspenstig und rebellisch erzeiget".

Die Strafe folgte auf dem Fuße. Sie wurde den Städten am 16. August in Bautzen verkündet und einen Monat später vollzogen. Damit verloren sie vom Marktrecht über das Braumonopol bis zur Gerichtsbarkeit nahezu alle Privilegien. Die Einnahmen aus Brücken- und Wegezoll wurden ihnen ebenso entzogen wie die überschüssigen Einnahmen der Salzmärkte und der Weinkeller. Waffen und Geschütze waren abzuliefern, Güter und Lehen fielen zurück an den Landesherrn.

Das drakonische Strafgericht, das als Oberlausitzer Pönfall in die Geschichte einging, traf die Städte bis ins Mark. Lachender Dritter war der Adel. Als die Verdikte nach 15 Jahren wieder fielen, saß er längst fest im Sattel und bestimmte stärker als zuvor die politische und kulturelle Entwicklung im Sechsstädteland. Gleichwohl hielt der Bund über fast fünf Jahrhunderte. Bis 1815 nach dem Wiener Kongress Görlitz und Lauban in der Provinz Schlesien preußisch wurden und die übrige Oberlausitz zu Sachsen kam.

Görlitz – die schönste (Provinz-)Stadt Deutschlands

Es klingt wie aus dem Märchenbuch. Alle Jahre wieder erhält die Stadt zum Geschenk einen Batzen Gold. Damit soll sie ihre Häuser pflegen und sich herausputzen. In Görlitz ist dieses Märchen seit 1995 Wirklichkeit. Nur eine Bedingung stellte der großzügige Spender, als er zum ersten Mal für die

Altstadtsanierung die stolze Summe von einer Million D-Mark überwies: kein Sterbenswörtchen zu seiner Person! Nicht nur die schöne Bezeichnung „Altstadtmillion" überdauerte die Euro-Umstellung, sondern auch der Geldsegen selbst. So fließt jährlich eine reichliche halbe Million Euro ins Stadtsäckel, über deren Verteilung dann eine Stiftung befindet. Sie unterstützt Sanierungsprojekte der Stadt ebenso wie Vorhaben von privaten Eigentümern und von Kirchen. Ohne die Millionenspenden, sagen die Görlitzer, sei ihre Stadt längst um einige Baudenkmäler ärmer.

Sie ist mit rund 4000 historischen Gebäuden das größte deutsche Flächendenkmal und ein Spiegelbild böhmischer, sächsischer, preußischer oder schlesischer Einflüsse. Dank dieser Vielfalt galt schon vor 100 Jahren für Görlitz das Wort von der „anmutigsten Provinzstadt Deutschlands". Ausgedehntes Grün innerhalb der Stadtgrenzen und die nahen Wälder in der Görlitzer Heide oder im Riesengebirge machen die Stadt zusätzlich liebens- und lebenswert. Seitdem sich in den verwinkelten Straßen und Gassen die einst vernachlässigte Bausubstanz wieder in neuer Schönheit zeigt, schwärmen immer mehr Menschen von der „Perle der Oberlausitz". Für viele ist sie die schönste Stadt in der ganzen Republik.

Die erste urkundliche Erwähnung von Gorelic am 3. Dezember 1071 galt einem slawischen Bauerndorf nördlich der Altstadt, die sich später zu beiden Seiten der Neiße entwickelte. Für einen raschen Aufschwung zur wichtigsten

Die Berliner Straße zwischen Hauptbahnhof und Postplatz mit ihren sorgsam restaurierten Bürgerhäusern ist eine der wichtigsten Einkaufsstraßen von Görlitz. Sie wurde 2012 weitgehend umgestaltet, Bäume wurden gepflanzt, der Straßenbelag wurde mit Steinplatten und Kopfsteinpflaster erneuert, auch einen Brunnen baute man.

Die Untermarkt ist das Herz der Altstadt von Görlitz. Unter den historischen Gebäuden befindet sich die mit astronomischen Zeichnungen geschmückte Ratsapotheke aus der Zeit der Renaissance (rechts).

Zu den Reliefs am „Biblischen Haus" in der Neißstraße gehört auch diese ausdrucksvolle Darstellung von Adam und Eva (oben).

Der Handel machte Görlitz reich und sorgte für einen raschen Wandel des Stadtbilds.

Stadt zwischen Erfurt und Breslau sorgten Kaufleute und Handwerker aus Mitteldeutschland, die sich am Flussübergang und der Kreuzung großer Handelsstraßen niederließen. Sie machten Görlitz mitten in Europa zu einem zentralen Umschlagplatz – und die Stadt verdiente über Jahrhunderte gut daran.

Der Handel verband Görlitz mit Schlesien und Polen ebenso wie mit Ungarn und Südosteuropa oder auf der anderen Seite mit westeuropäischen Landen weit über den Rhein hinaus. Der gewonnene Reichtum prägte bald das Stadtbild, zu dem schon um das Jahr 1100 eine erste Kirche für den Schutzpatron der Kaufleute, den heiligen Nikolaus von Myra, gehörte. Die heutige Nikolaikirche entstand jedoch erst im 15. Jh. Aus dieser Zeit stammt auch die Peterskirche über der Neiße. Die spitzen neugotischen Türme verweisen schon von weitem auf die größte spätgotische Hallenkirche im östlichen Deutschland. Sie ist zugleich das größte mittelalterliche Bauwerk in der gesamten Oberlausitz.

Von der Stadtbefestigung mit einst über 30 Bastionen haben drei der vier Türme und Teile des Mauerrings die Zeiten überdauert. Am Reichenbacher Turm mit seiner barocken Haube verweisen sechs Stadtwappen auf die Zugehörigkeit von Görlitz zum Sechsstädtebund von 1346. Der Nikolaiturm markiert den Zugang zur historischen Nikolaivorstadt. Dort hat auf dem Nikolaifriedhof der Mystiker Jakob Böhme seine letzte Ruhe gefunden, und auf dem Städtischen Friedhof liegt die Goethe-Freundin Minchen Herzlieb begraben. Den Frauenturm schließlich nennen die Görlitzer wegen seiner massiven Mauern seit jeher den Dicken Turm. Eine lateinische Inschrift auf dem Wappenrelief rühmt den erfolgreichen Widerstand der Stadt in den Hussitenkriegen: „Der Tapferkeit ist kein Weg unmöglich". Diese Haltung galt offenbar auch im Dreißigjährigen Krieg. Nachdem die Schweden in der „Newen Pastei" von 1490 den anstürmenden kaiserlichen Truppen erfolgreich getrotzt hatten, nannten die Görlitzer die Bastion fortan „die Kaisertrutz". Seinen militärischen Charakter hat das Kanonenrondell mit einem Durchmesser von immerhin fast 20 m längst verloren: Hinter meterdicken Außenmauern veranschaulicht ein modernes Museum regionale Kulturgeschichte von den Anfängen bis zur Gegenwart.

Schatzkammer der Renaissance

Markante Wahrzeichen der Altstadt sind am Untermarkt die stattlichen Bürgerhäuser mit den charakteristischen Arkadengängen, den sogenannten Läuben. Den prächtigen Fassaden in den umliegenden Hauptstraßen ist das Wort von der „Görlitzer Renaissance" geschuldet, das untrennbar verbunden ist mit Ratsbaumeister Wendel Roßkopf (um 1480–1533). Beim Wiederaufbau nach dem großen Stadtbrand von 1525 gelangen ihm und anderen Bauherren eindrucksvolle Stadthäuser, die heute zu den herausragenden Renaissancebauten in Deutschland zählen – vom „Schönhof" über die Ratsapotheke und das heutige Hotel *Tuchmacher* bis zum „Biblischen Haus" eines Thüringer Waidhändlers von 1570. Hinter den Fassaden der mehr als 30 „Kaufmannsburgen", von denen Goethe einst sprach, verbirgt sich zumeist ein typisches Görlitzer Hallenhaus. Zur Warenpräsentation waren Gewölbe vorgesehen, und repräsentative Festsäle gehörten ebenso zur Ausstattung wie mehrgeschossige Keller oder ein Bierausschank.

Seit jüngster Zeit ist der „Schönhof" mehr als ein Architekturdenkmal. 2006 wurde in dem sanierten Bau das Schlesische Museum zur Geschichte einer Kulturlandschaft eröffnet, die in den Katastrophen des vorigen Jahrhunderts ihre Identität zu verlieren drohte. Der museale Streifzug führt zu alter Handwerkskunst und zu modernen Künstlern, zu historischen Städten und zu vergessenen Orten. Das schwierigste Kapitel der jüngeren Geschichte – die Vertreibung der deutschen Bevölkerung, die Grenzziehung durch die historische Region und die Ansiedlung polnischer Bewohner nach 1945 – illustriert eine Schauwand mit Schlüsselbünden von Häusern vertriebener Schlesier. Ein Symbol dafür, dass die Heimatvertriebenen von früheren Ansprüchen abgerückt sind.

Mit diesem Museum gibt sich nicht zuletzt Görlitz selbst als die größte schlesische Stadt im Deutschland des 21. Jh. zu erkennen. Ihre östliche Vorstadt wurde nach dem Zweiten Weltkrieg polnisch und als Zgorzelec im Nachbarland eine eigenständige Kommune. Dort fand sich 1945 auch die

Ein Scheingrab – das „Lausitzer Jerusalem"

Von der Görlitzer Peterskirche nach Jerusalem ist es nicht weit. In der Nikolaivorstadt führt ein Pilgerweg direkt zum Heiligen Grab. Das verkleinerte Abbild der Begräbnisstätte Jesu in Jerusalem ist im ältesten allegorischen Landschaftsgarten Deutschlands umgeben von einer Kreuzkapelle und dem Salbhaus. Die Landschaft symbolisiert den biblischen Ölberg mit dem Garten Gethsemane sowie die Jüngerwiese und den Fluss Kidron. Angeblich ist das 1504 eingeweihte Areal ein Zeichen der Buße. Denn den Bau der Anlage soll der Görlitzer Kaufmann Georg Emmerich (1422–1507) unterstützt haben, nachdem er die von ihm geschwängerte Tochter eines Nachbarn unverheiratet sitzen ließ. In Heiligen Gräbern wie dem „Lausitzer Jerusalem" fand nie eine Beisetzung statt.

Eine Schatzkammer der Buchkultur in klassizistischem Ambiente

Auf die Bedeutung des stattlichen Gebäudes verweist schon die Inschrift über dem Portal. Die Abkürzungen in goldenen Lettern stehen für die lateinische Widmung als „Stätte für gelehrte Studien der Oberlausitzischen Gesellschaft der Wissenschaften". Geistiges Fundament der Gelehrtenrepublik von 1779, die 1945 von der sowjetischen Besatzungsmacht aufgelöst wurde und sich 1990 neu konstituierte, ist ihre Bibliothek mit mehr als 140 000 Bänden.

Bewahrt werden sie in einem der schönsten klassizistischen Büchersäle überhaupt. Dort stehen die Holzregale mit den endlos aufgereihten Buchrücken wie Theaterkulissen hintereinander. Den Weg zu den Büchern geben große Torbögen frei. Als „Triumphbögen des Wissens" eröffnen sie eine Raumflucht von erhabener Ausstrahlung. Keinerlei unnötiges Beiwerk stört, die Aufmerksamkeit des Besuchers wird ganz auf das Buch gelenkt.

Die ersten Bände waren Pflichtexemplare von Mitgliedern der „Oberlausitzischen Gesellschaft zur Beförderung der Natur- und Geschichtskunde", wie die Akademie anfangs hieß. Jeder Gelehrte war angehalten, „ein brauchbares Buch im Werthe eines Ducaten oder etwas an Naturalien oder anderen Merckwürdigkeiten zu überreichen". 1801 erhielt die Gesellschaft die Büchersammlungen der Akademiegründer Karl Gottlob Anton und Adolph Traugott von Gersdorff. Zu den Beständen von Naturkunde über Ökonomie und Geschichte bis zur Philosophie kam später noch Oberlausitzer Landeskunde hinzu.

Kostbare Bestände

Eine Besonderheit ist die weltweit größte Bestandsgruppe zu Jacob Böhme. Neben historischen Werkausgaben sowie einer großen Auswahl von Monografien und Aufsätzen gehört dazu auch die aufwendig illustrierte Law-Edition aus dem 18. Jh. Mit der kostbaren Ausgabe machte der Londoner Mystiker William Law den Gottessucher aus der Lausitz zwischen 1764 und 1781 auch im englischen Sprachraum bekannt.

Nach der Auslagerung im Zweiten Weltkrieg kehrte die Bibliothek bald nach Kriegsende nach Görlitz zurück – wenn auch mit Verlusten. Seit 1951 ist sie vereint mit dem Nachlass des 1726 gestorbenen Juristen Johann Gottlieb Milich, der 7000 Bücher, 200 Handschriften, 500 Münzen und Kuriositäten der Stadt vermacht hatte. Eine weitere Rarität in den Beständen ist das Archiv des Mühlenforschers Günter Rapp mit fast 16000 Fotos und Bildern von Lausitzer Mühlen.

Unter den jüngsten Neuerwerbungen sind schließlich die Schenkungen

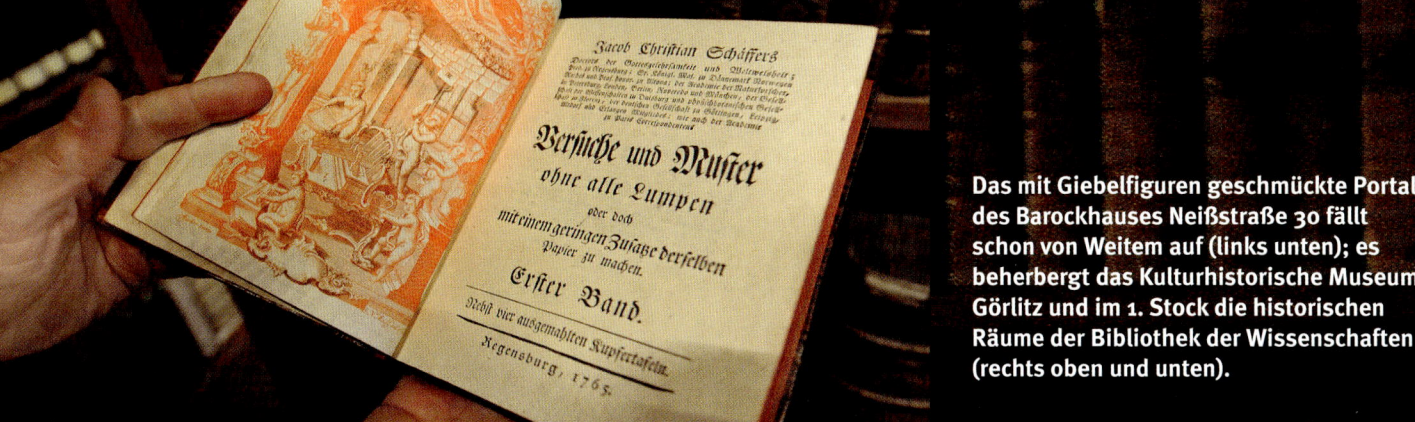

Das mit Giebelfiguren geschmückte Portal des Barockhauses Neißstraße 30 fällt schon von Weitem auf (links unten); es beherbergt das Kulturhistorische Museum Görlitz und im 1. Stock die historischen Räume der Bibliothek der Wissenschaften (rechts oben und unten).

zweier Privatsammler mit über 6000 Aufsätzen, Zeitungsartikeln und Tonbandmitschnitten zu Leben und Werk des einstigen Görlitzer Abiturienten und späteren Wortakrobaten Arno Schmidt. 1963 bat er von Westdeutschland aus die Bibliothek um Recherchehilfe zu Fürst Pücklers dichtendem und musizierendem Zeitgenossen in Muskau, Leopold Schefer. Dem eigenwilligen, aber weithin vergessenen Schöngeist widmete Arno Schmidt einen launigen Dialog-Essay.

Das Gebäude wurde in den Jahren 1727–1729 nach dem Stadtbrand von 1726 an der recht steil zur Altstadtbrücke hin abfallenden Neißstraße gebaut, die lange eine Hauptverkehrsader des Ost-Westhandels war. Die Leitung hatte der damalige Ratsbaumeister Samuel Suckert. Auftraggeber war der Leinwand- und Damastkaufmann Christian Ameis, ein ungemein vermögender Mann. Suckert ließ im Übrigen den 1742 durch Blitzeinschlag beschädigten Rathausturm wiederaufbauen.

„Oberlausitzer Gedenkhalle" wieder, in der fünf Jahre später die DDR und die damalige Volksrepublik Polen feierlich die „Oder-Neiße-Friedensgrenze" besiegelten. Eigentlich sollte die Grenze schon damals mehr verbinden als trennen. Doch der Alltag sah anders aus. Über Jahrzehnte verband beide Städte nicht viel mehr als ihre frühen Wurzeln.

Erst nach der sozialistischen Ära fanden die Bewohner diesseits und jenseits der Lausitzer Neiße wieder zueinander – wenn auch zunächst mit kleinen, vorsichtigen Schritten. 1996 feierten sie gemeinsam das 925. Gründungsjubiläum ihrer Stadt. Inzwischen versuchen sich Görlitz und Zgorzelec als „Laboratorium der europäischen Integration". Einer der Wege dorthin führt seit 2004 über die neue Altstadtbrücke, die Einheimische und Besucher im historischen Siedlungsgebiet der Europastadt zusammenführt.

Gemeinsamkeiten und Eitelkeiten

Schutz- und Trutzbündnisse wie den Oberlausitzer Städtebund gab es seit dem Mittelalter viele. Sie alle gaben sich nach außen als einige Bastion – und pflegten untereinander ihre Befindlichkeiten und Eitelkeiten.

Im Sechsstädteland bewährte sich die demonstrative Einigkeit bei der Einverleibung von 200 Dörfern ebenso wie im Kampf gegen die Raubritternester. Die Burgen Falkenstein, Wildenstein und Arnstein im angrenzenden Elbsandsteingebirge oder die Landeskrone bei Görlitz sind nur einige Beispiele für geschleifte Burgen. Mit dem Zwist zwischen den Partnern indes

Der Kaisertrutz wurde 1490 erbaut und ist eine von vier noch erhaltenen Basteien, mit denen sich Görlitz einst gegen äußere Feinde verteidigte. Heute gehört sie zum Kulturhistorischen Museum.

nahm die Allianz schon frühzeitig vorweg, was politische Zweckbündnisse wohl zu allen Zeiten prägen sollte.

Beliebte Streitpunkte unter den sechs Städten waren städtische Privilegien wie das Schankrecht oder das Erheben von Steuern. Im Streit mit Zittau um das Stapel- und Verkaufsrecht für Waid behauptete sich Görlitz und sicherte damit der Stadt auf Dauer eine lukrative Einnahmequelle. Das Nachsehen hatte Zittau auch bei einer „Bierfehde". Der gute Ruf des Zittauer Bieres reichte damals bis nach Breslau und nach Prag. Selbst im fernen Wien und in Ofen, dem Burgbezirk des späteren Budapest, wurde das Bier aus der Lausitz gern getrunken. Doch im Görlitz des 15. Jh. hatten die Brauer aus Zittau keine Chance.

Obwohl den Zittauern das Recht zum Ausschank im Sechsstädteland und in Breslau schon 1414 zugestanden worden war, bestand Görlitz auf seinem Verbot fremder Biere. Der Streit eskalierte 1491 mit einem Überfall von Görlitzern auf „feindliche" Bierkutscher. Die Stelle zwischen Rosenthal und Ostritz, wo die Fässer zerschlagen und das Bier verschüttet wurden, heißt bis heute Bierpfütze. Im Gegenzug raubten Zittauer im Dorf Wendisch-Ossig Pferde, Rinder und Schweine, um anschließend ihren Vergeltungsschlag mit einem großen Schlachtfest zu feiern. Fortan nannten die Görlitzer die Zittauer abfällig Kühetreiber.

Ein Ende fand die Fehde, als der Landvogt weitere Übergriffe untersagte und von Zittau 300 Gulden Geldbuße forderte. Gleichwohl blieb Bier ein bevorzugtes Streitobjekt: 1530 zerschlugen Zittauer in Eibau ein Fass mit Laubaner Bier. 1662 lag Zittau mit Löbau im Clinch, und im Jahr darauf nahmen Zittauer Brauer einem Bautzener Steuereintreiber sieben Fässer ab. Er hatte das Bier für seine eigene Hochzeitsfeier in Zittau mitgebracht.

Um einen Salzmarkt stritten einst das kleine Kamenz und das mächtige Bautzen. In der „Kamenzer Frieserei" von 1507/08 beriefen sich beide Städte auf ein entsprechendes Privileg, und Kamenz machte in Erwartung sicherer Gewinne schon im Voraus beträchtliche Schulden. Doch als vor Gericht Bautzen gewann, blieb Kamenz nicht nur auf seinem Schuldenpaket sitzen: Die Stadt musste auch die Kosten für das Verfahren übernehmen. Die Folge war eine offene Rebellion der Bürgerschaft, die sich zusätzlich empörte, als der Rat einen Prediger wegen seiner Kritik am Bürgermeister und den Ratsherren absetzen ließ. Die Bezeichnung der Rebellen als „freie Friesen" und ihrer Revolte als „Frieserei" erinnerte an die missglückte Unterwerfung Frieslands durch den sächsischen Herzog Georg, die 1498 im ersten Anlauf zunächst gescheitert war. Doch trotz solcher Zwistigkeiten waren die politischen Gewichte im Sechsstädteland im Großen und Ganzen wohlgeordnet.

Die Vertiefung in der Einfassung des „Flüsterbogens", wie man das um 1500 erbaute gotische Portal am Untermarkt von Görlitz nennt, leitet auch ganz leise gesprochene Worte von der einen auf die andere Seite weiter.

Das klassizistische Gebäude des König-Albert-Bads in Löbau erinnert an die kurze Geschichte der Stadt als Badeort im späten 19. Jh. Heute befindet sich darin ein Restaurant.

Die Fassade des 1903 errichteten Neuen Rathauses von Görlitz ist mit den Wappen der Städte des Sechsstädtebundes verziert, unter ihnen Zittau und das heute polnische Lauban.

Bautzen als wichtigste Stadt führte das Bündnis – und dies sozusagen unter den wachen Augen des Prager Statthalters auf der Ortenburg. Görlitz konnte von seiner zentralen Lage mitten in Europa profitieren, und Zittau galt wegen seines schnellen wirtschaftlichen Aufschwungs unter den sechs Städten bald als „die Reiche". Die erste größere Ansiedlung am Fuße des natürlichen Grenzwalls zu Böhmen profitierte nicht zuletzt von dieser vorteilhaften Lage.

Die drei kleineren Städte Kamenz, Löbau und Lauban indes hielten sich bescheiden im Hintergrund, nahmen aber gleichwohl die positiven Auswirkungen der Allianz dankbar an. Kamenz im Westen und Lauban im Osten konnten ihren guten Ruf als Handelsstädte behaupten, und Löbau gelangte zu besonderer Bedeutung als alljährlicher Tagungsort des Konvents. Weil schlechtes Wetter und unpassierbare Straßen ein pünktliches Eintreffen mitunter behinderten oder ganz unmöglich machten, kamen die Teilnehmer zumeist schon am Vortag. Bei diesen lockeren Zusammenkünften ließ sich so manches schon im Voraus klären. Allerdings war die zwanglose Runde bei einem guten Becher wohl nicht ohne Risiko. Zumindest ist für 1597 ein gemeinsamer Umtrunk mit mehreren Toten überliefert. Bislang konnte jedoch nicht geklärt werden, ob es der Wein

aus Kamenz war, der den drei (in machen Quellen auch vier) Teilnehmern zum Verhängnis wurde.

Seine erste militärische Herausforderung erlebte der Städtebund in den Hussitenkriegen. In den Auseinandersetzungen um den Prager Reformator Jan Hus stand das Bündnis auf der Seite von Kaiser Sigismund (1368–1437), der den als Ketzer verurteilten Theologen 1415 auf dem Scheiterhaufen hatte verbrennen lassen. Somit waren die Fronten klar und mehrfache gegenseitige Angriffe unvermeidbar. 1424 bereiteten fast 9000 Hussiten den Zittauern an der Burg Karlsfried im Zittauer Gebirge eine empfindliche Niederlage. Die Burg ging in Flammen auf, mehrere umliegende Orte wurden verwüstet. Zittau selbst blieb verschont und widerstand – wie auch Görlitz und Bautzen – allen nachfolgenden Angriffen. Dagegen waren die kleineren Städte ebenso wie die Dörfer auf dem Land chancenlos. Die Hussiten gingen mit Steinschleudern, Wurfmaschinen und gewaltigen Armbrüsten vor. Ortschaften wurden mit Brandpfeilen beschossen oder mit toten Ratten und Abfall überschüttet: Durch eine schnelle Ausbreitung von Seuchen sollte die Bevölkerung demoralisiert werden. Die meisten Dörfer im Sechsstädteland wurden zerstört oder zumindest geplündert. Unter den Hussitenkriegen besonders zu leiden hatte Lauban. Bei der ersten Eroberung 1427 fielen einem Massaker unter der katholischen Bevölkerung über 1000 Menschen zum Opfer. Ein zweiter Überfall vier Jahre später brachte der östlichsten Stadt im Bündnis die nahezu vollständige Zerstörung.

Auch der Dreißigjährige Krieg traf das Sechsstädteland schwer. Dennoch konnte sich die Region immer wieder recht schnell erholen, nicht zuletzt dank der wirtschaftlich stabilen Städte. Besonders in seinen ersten Jahrhun-

Vom Aussichtspunkt der Nonnenfelsen blickt man auf die Gemeinde Jonsdorf, die im Dreißigjährigen Krieg von schwedischen Heereinheiten heimgesucht und gebrandschatzt wurde. Die verwitterten Sandsteinfelsen ragen 100 m aus dem Bachtal auf und werden gerne von Kletterern aufgesucht.

Das Dornspachhaus in Zittau war in seiner langen Geschichte unter anderem Apotheke, Bibliothek, Lesehalle und Antiquariat. Zudem hatte das vornehme Haus immer auch das Braurecht.

Der Zittauer Markt ist gesäumt von repräsentativen Bürgerhäusern, unter denen eine geheimnisvolle Unterwelt von Bierkellern und anderen Gewölben verborgen liegt.

derten verhalf das Sechserbündnis der Oberlausitz zu einem beachtlichen Aufschwung. Daran erinnerte man, als die Städte ihren Bund 1991 bei der 770-Jahrfeier von Löbau feierlich wiederbelebten. Einbezogen wurde die Stadt Zgorzelec auf der polnischen Seite des historischen Görlitz, sodass zu der eher symbolischen Allianz nunmehr sieben Städte gehören. Sie haben sich mitten in Europa einer touristisch wie kulturell attraktiven Region verschrieben – und dies über die Landesgrenzen hinweg.

Zittau – die „böhmischste Stadt"

Seit dem Stadtrecht von 1255 war Zittau über Jahrhunderte eng mit Böhmen verbunden. Den wirtschaftlichen Aufschwung beförderten zahlreiche Privilegien, und gleichzeitig kam auch böhmisches Flair in die Stadt.

Das ging dem König denn doch zu weit. Dass der Zittauer Bürgermeister Nikolaus von Dornspach (1516–1580) mit seinen Extravaganzen gelegentlich über die Stränge schlug, war allgemein bekannt. Doch als er eines Tages hoch zu Ross einen Hirsch aus den böhmischen Wäldern durch die Stadt trieb, war es mit der königlichen Nachsicht vorbei. Ferdinand I. stellte das Stadtoberhaupt umgehend zur Rede – und forderte 2000 Taler Bußgeld. Der gute Ruf des Bürgermeisters indes, der schon mit 33 Jahren in das hohe Amt kam, blieb davon unberührt. Denn ihm hatte Zittau maßgeblich zu verdanken, dass es sich nach dem Pönfall von 1547 schnell wieder erholen konnte.

Dank seines ausgeprägten diplomatischen Geschicks erhielt die Stadt schon bald ihre verlorenen Güter und Privilegien zurück. Zum anderen machte von Dornspach das Zittauer Land im 16. Jh. zu einem Zentrum

blühender Manufakturen. Neben Bier waren Oberbekleidung und Futterstoffe aus der Gegend ebenso gefragt wie Haus- und Leibwäsche. Die Waren der Leinenweber gingen über Nürnberg bis in den Orient, nach Afrika und sogar nach Amerika. An Nikolaus von Dornspach erinnert heute nicht nur eine Grabplatte mit dem Bürgermeister in ritterlichem Outfit. Ein erhaltener Thronsessel scheint alle Überlieferungen zu bestätigen, wonach er ein prunkvolles und selbstgefälliges Regiment geführt haben soll. Das Dornspachhaus, ältestes Bürgerhaus der Stadt, ist heute ein Wirtshaus mit lauschigem Innenhof. Einst wohnte dort auch Zittaus größter Sohn, der Pädagoge und Dramatiker Christian Weise (1642–1708).

Der 1238 erstmals erwähnte Ort erhielt zwei Jahrzehnte später vom böhmischen König Ottokar II. das Stadtrecht. Weitreichende Privilegien ermöglichten einen schnellen Aufstieg zur größten Stadt zwischen Prag und Görlitz mit 5000 Einwohnern. Die lange Zugehörigkeit zu Böhmen und später zu den Habsburgern machte Zittau zur „böhmischsten Stadt der Lausitz". Am böhmischen Einfallstor nach Norden herrschten „ein fortschrittlicher Geist, Heiterkeit, gesellschaftliche Unbefangenheit und ein volkstümliches Sichgehenlassen nach der Formel: Leben und leben lassen", befand denn auch der „sächsische Fontane" Otto Eduard Schmidt (1855–1945). Bautzen sei in der Oberlausitz die älteste Stadt, „aber Zittau ist die geliebteste".

An ihre Geschichte erinnert schon seit 100 Jahren der Zittauer Kulturpfad. Er führt durch enge Gassen und über weite Plätze zum „florentinischen" Rathaus von 1845 ebenso wie zur klassizistischen Johanniskirche von Karl Friedrich Schinkel mit den beiden ungleichen Türmen. Die Patrizierhäuser am Markt beeindrucken durch prächtige Barockfassaden und der Heffterbau im Areal des einstigen Franziskanerklosters mit seinem kunstvollen Renaissancegiebel. Der Name des Gebäudes mit einer barocken Wunderkammer geht zurück auf den damaligen Bürgermeister Heinrich von Heffter, der den Umbau des westlichen Klosterflügels veranlasste. Das siebenstöckige Salzhaus von 1511 schließlich zeugt vom einstigen Salzhandel, wofür Zittau schon 1378 das Stapelrecht erhalten hatte.

Vom Selbstbild als „Tor zum Gebirge" oder „Stadt im Dreiländereck" hat sich Zittau mittlerweile verabschiedet. Stattdessen wirbt nunmehr die „Stadt der Fastentücher" um Besuchergunst. Die beiden liturgischen Tücher sind zweifellos einzigartige Kostbarkeiten von überregionalem Rang.

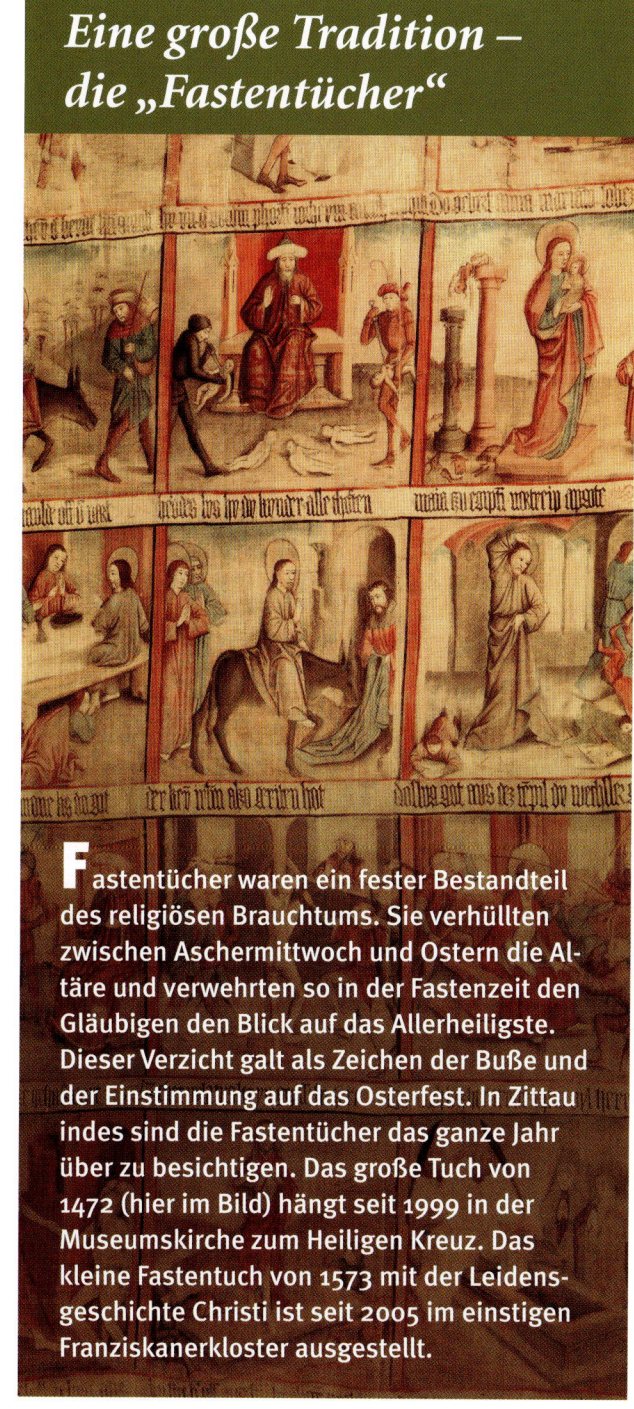

Eine große Tradition – die „Fastentücher"

Fastentücher waren ein fester Bestandteil des religiösen Brauchtums. Sie verhüllten zwischen Aschermittwoch und Ostern die Altäre und verwehrten so in der Fastenzeit den Gläubigen den Blick auf das Allerheiligste. Dieser Verzicht galt als Zeichen der Buße und der Einstimmung auf das Osterfest. In Zittau indes sind die Fastentücher das ganze Jahr über zu besichtigen. Das große Tuch von 1472 (hier im Bild) hängt seit 1999 in der Museumskirche zum Heiligen Kreuz. Das kleine Fastentuch von 1573 mit der Leidensgeschichte Christi ist seit 2005 im einstigen Franziskanerkloster ausgestellt.

Zeugnisse des Glaubens und der Geschichte

Kirchen sind längst nicht mehr für alle Menschen noch Stätten des Glaubens. Doch wie jede andere Kulturlandschaft ist auch die Oberlausitz ohne diese beredten Geschichtszeugnisse nur schwer vorstellbar.

Die Türme der jahrhundertealten Bauten geben dem Auge der Reisenden Halt und Orientierung. Auch im glaubensfernen 21. Jh. ist jedermann herzlich eingeladen an diese Orte des Austauschs, der Stille und der Einkehr. Denn in den oft altehrwürdigen Gebäuden und ihrer Umgebung lebt die Geschichte der Menschen weiter, die in früheren Zeiten dort ein und aus gingen.

Zum Beispiel in Crostwitz bei Kamenz. Erst vor wenigen Jahren wurden dort Grabplatten mit Kreuzdarstellungen aus dem 11. oder frühen 12. Jh. entdeckt. Sie gelten als die ältesten christlichen Symbole, die damit zugleich für die Anfänge der Besiedlung der Oberlausitz im Zeichen von Schwert und Bischofsstab stehen. Diese Zeit dokumentiert auch die spätromanische Wehrkirche in Horka bei Görlitz. In der nahezu kreisrunden Mauer um die Kirche fanden Archäologen ein Grab mit einem etwa 1000 Jahre alten Skelett. Fachleute erkannten in der Grabstätte eine Beisetzung nach christlichem Ritus. Auf die Umfassungsmauer setzten die Dorfbewohner im 15. Jh. die bis heute erhaltenen Zinnen. So wappnete sich Horka gegen die angreifenden Hussiten, die im Falle eines Sieges grausam wüteten.

Wesentlich jüngere Geschichte erzählt die barocke Kirche von Hochkirch: Die Einschüsse in der Kirchentür stammen aus dem Siebenjährigen Krieg – genauer aus der Schlacht von 1758 bei Bautzen, die für den zum Mythos gewordenen Preußenkönig Friedrich den Großen zu einer seiner größten Niederlagen mit hohen Verlusten werden sollte. Das Ereignis ist in zahlreichen Kunstwerken verewigt. Das damals überlegene Österreich feiert sich im Heeresgeschichtlichen Museum von Wien noch immer mit einem dramatischen Schlachtengetümmel rund um die Kirche, das ein Holländer im Jahr nach dem Sieg malte.

Glaubensorte der besonderen Art sind in der Oberlausitz die Klöster Marienstern bei Kamenz und Marien-

Zinnenbekrönt sollte die etwa 900 Jahre alte Wehrmauer um die Kirche und den Friedhof von Horka der Verteidigung gegen die Hussiten dienen.

thal südlich von Görlitz. Sie sind die ältesten Zisterzienserinnenklöster in Deutschland und seit ihrer Gründung im 13. Jh. ununterbrochen von geistlichen Gemeinschaften bewohnt. Unter heutigen Bedingungen fühlen sich die Schwestern in besonderer Weise der Sozialarbeit mit Benachteiligten und Behinderten verpflichtet.

Das ältere der beiden Klöster ist Marienthal. Das Gelände an der Lausitzer Neiße soll Königin Kunigunde von Böhmen im Oktober 1234 den „gottgeweihten Nonnen im Tal der Heiligen Maria" geschenkt haben. Wenige Jahre später wurde das Kloster in den Orden der Zisterzienser eingegliedert. Zu einer barocken Anlage wurde das Kloster mit dem Wieder aufbau nach einem Großfeuer von 1683. Am Ende des Zweiten Weltkrieges verhinderten die Schwestern die geplante Sprengung, indem sie sich dem Räumungsbefehl der SS hartnäckig widersetzten.

Das Weiterbestehen sicherte DDR-Ministerpräsident Otto Grotewohl dem Kloster 1952 schriftlich zu. Seit 1992 widmet sich eine Begegnungsstätte mit regelmäßigen Veranstaltungen im Dreiländereck zu Polen und Tschechien besonders dem Thema Versöhnung. Im Sommer 2010 wurde dem Kloster mit seinen 15 Schwestern die romantische Lage im Neiße-Bogen zum

Das Gelände für das Kloster St. Marienthal direkt am Ufer der Neiße soll Königin Kunigunde von Böhmen im Oktober 1234 den „gottgeweihten Nonnen im Tal der Heiligen Maria" geschenkt haben

Die Klöster hatten eine bewegte Geschichte. Kriege, Reformation und Diktaturen bedrohten ihren Bestand.

Die Marienverehrung spielt im Kloster St. Marienthal eine besondere Rolle (rechts). – Hinter der barocken Fassade der Klosterkirche von Marienstern verbirgt sich eine spätgotische Hallenkirche (unten).

Verhängnis: Ein Hochwasser verursachte Schäden in Millionenhöhe.

St. Marienstern am Klosterwasser im heutigen Doppelort Panschwitz-Kuckau in der westlichen Oberlausitz geht zurück auf die Herren von Kamenz, die die Klostergründung am 13. Oktober 1248 besiegelten. Ähnlich wie Marienthal erhielt auch dieses Kloster später ein barockes Aussehen. Neben der Kirche ist die Schatzkammer ein Spiegelbild religiösen Lebens durch die Jahrhunderte. Die 16 Schwestern des Konvents widmen sich neben Gebet und Seelsorge vor allem der Landwirtschaft und der Betreuung behinderter Menschen.

Klöster als Wirtschaftszentren

Klöster waren im Mittelalter nicht nur Orte des Glaubens, sondern immer auch ein bedeutender Wirtschaftsfaktor. Die Menschen in der Region profitierten davon. Dennoch war Martin Czesslawicz kein freier Mann. Vom Ertrag seiner Felder musste er regelmäßig an das Kloster abgeben. Außer einem Jahreszins von 22 Groschen waren jeweils zwei Scheffel Weizen, Roggen und Hafer fällig – pro Sorte also 100 kg. Hinzu kamen drei Hühner, 30 Eier, zwei Käse, ein Gebinde Flachs sowie kleinere Mengen von Mohn und Hanf. So jedenfalls ist es überliefert im Urbar von St. Marienstern für das Jahr 1374, einem Verzeichnis über die jährlichen Abgaben der Bauern aus den rund 60 Dörfern der klösterlichen Grundherrschaft. Einer der fast 1500 Namen in der alten Pergamenthandschrift ist der des Bauern Czesslawicz aus Cannewitz. Aber trotz seiner Abhängigkeit vom Kloster dürfte er im Dorf einer der Wohlhabenderen gewesen sein: Die Abgaben machten weniger als 10 % seiner Erträge aus.

Die Grundherrschaft, der Besitz der Klöster an Grund und Boden, bedeutete auch die Herrschaft über die dort lebenden Menschen. Zu St. Marienstern gehörte im Mittelalter eine Gesamtfläche von immerhin fast 600 km². Damit waren das Kloster der größte Grundbesitzer und die Gutshöfe die wichtigsten Arbeitgeber. Wie andernorts lieferten auch in Marienstern die Klostergärten allerlei Obst, Gemüse und Kräuter. Auf den Feldern wuchsen Hopfen und gelegentlich auch Tabak. Schäfereien sorgten für Wolle, und aus den klösterlichen Fischteichen kam auch außerhalb der Fastenzeit etwas Abwechslung auf den Speisezettel. In den Mariensterner Wäldern war mit der Zeidlerei die traditionelle Oberlausitzer Waldbienenzucht lebendig.

Nicht zu vergessen sind im Wirtschaftsunternehmen Kloster schließlich die Brauereien und Brennereien. Ihre Biere und Liköre ließen sich immer auch jenseits der klösterlichen Gefilde gut verkaufen. In St. Marienstern verfügten jedoch die DDR-Behörden 1973 das Aus für die Klosterbrauerei. Inzwischen kommt das zünftige Mariensterner Klosterbräu im Klosterladen und in der Klosterstube aus dem Städtchen Wittichenau, das einst zur St. Mariensterner Grundherrschaft gehörte.

Der wirtschaftliche Aufschwung der Klöster seit dem Mittelalter zog nach und nach immer mehr Handwerker an. Sie arbeiteten in klostereigenen Handwerksbetrieben oder hatten ihre Geschäfte irgendwo in den Dörfern. Im Mariensterner Urbar von 1374 sind neben Müllern, Schneidern, Webern und Schmieden auch Fleischhauer, Stellmacher, Schuster, Töpfer oder Brettschneider aufgeführt. Orte des Handels und Wandels waren häufig die Klosterhöfe, auf denen einst lebhaftes Treiben herrschte. Hin und wieder zogen Zisterzienser auch als Kaufleute übers Land, um Waren aus den Klöstern und ihren Werkstätten in anderen Regionen zu verkaufen.

Von der einstigen Geschäftigkeit ist zumeist die Landwirtschaft auf mittlerweile verpachteten Flächen geblieben. Darüber hinaus gibt in St. Marienstern der Klostergarten den Besuchern Einblicke in den traditionellen Anbau von Pflanzen und zeigt Möglichkeiten ihrer (auch medizinischen) Verwendung auf. Verbunden ist der Garten mit einem Kräuter- und Ernährungszentrum, das sich ganz der gesunden Lebensweise verschrieben hat und zudem auch Fastenkurse anbietet.

Das Kloster St. Marienthal an der Neiße verlor allerdings nach 1945 große Teile seiner Nutzflächen: Sie liegen seit der neuen Grenzziehung auf polnischem Gebiet. Gleichzeitig aber wurde ein Klosterweinberg zum östlichsten in ganz Deutschland.

Das Reformprogramm – ora et labora

Der Orden der Zisterzienser ist hervorgegangen aus Reformbestrebungen in der mittelalterlichen Kirche in Frankreich. Prägende Gestalt war der charismatische Bernhard von Clairvaux (um 1090–1153) mit seinem Anliegen eines Lebens in frommer Bescheidenheit. Der Ruf nach geistlicher Einkehr brachte zu Bernhards Lebzeiten immerhin über 340 neue Niederlassungen hervor. Sie waren abgeschlossene Welten mit Gärten, Werkstätten, Friedhöfen und Hospitälern. Die benediktinische Regel „ora et labora" (bete und arbeite) diente zunächst nur der klösterlichen Selbstversorgung. 2011 zählte der Orden weltweit insgesamt etwa 2800 Zisterzienserinnen und Zisterzienser.

Darstellungen des Schmerzensmannes als „Christus in der Rast" wie in der Schatzkammer von St. Marienstern waren im 14. Jh. ein beliebtes Motiv in der religiösen Kunst.

Lange Zeit schlummerten die Kostbarkeiten im Verborgenen. Für die breite Öffentlichkeit rückte das Kloster St. Marienstern in Panschwitz-Kuckau seine Kunstwerke erst 1998 ins rechte Licht. Der Anlass war damals eine Ausstellung zum 750-jährigen Bestehen des Klosters. Im Jahr darauf öffnete eine moderne Schatzkammer. Die historischen Räume bieten eine opulente Auswahl von über 200 Kunstwerken aus sieben Jahrhunderten, von denen einige so alt sind wie das Kloster. Kunstvoll gestaltete Kelche und Leuchter, kostbare Reliquiare, Handschriften und Gebetbücher illustrieren das Klosterleben zwischen dem 13. und dem 19. Jh. ebenso wie Gemälde, filigrane Stickereien oder Skulpturen. Die Schatzkammer erinnert damit immer auch an die langen christlichen Traditionen in der Oberlausitz. Für gläubige Menschen war und ist die Begegnung mit sakraler Kunst stets mehr als nur ein ästhetisches Erlebnis. Das Betrachten eines Bildes und das Hineinversetzen in das Dargestellte ist so etwas wie eine sinnliche Bestärkung ihres Glaubens. Die Begegnung mit Kunstwerken, die in Gottesdiensten verwendet werden, vermittelt ihnen Nähe und Zugehörigkeit weit über den Kirchenraum und die Geschäftigkeit des Alltags hinaus. Bei alledem ist sakrale Kunst immer auch Teil der kirchlichen Selbstdarstellung und Repräsentation in der weltlichen Umgebung. Kunstwerke mit religiösen Bezügen stehen damit nicht zuletzt für einen bedeutenden Aspekt der europäischen Kulturgeschichte.

Kunstwerke von seltener Eindringlichkeit

In St. Marienstern gehört zu den Glanzstücken im wahrsten Sinne des Wortes ein vergoldetes Kopfreliquiar des heiligen Jakobus. Reliquiare dienen in der katholischen Kirche der Aufbewahrung leiblicher Überreste von Heiligen

Das vergoldete Kopfreliquiar des heiligen Jakobus in Kloster St. Marienstern gehört zu den wertvollsten Zeugnissen der mittelalterlichen Jakobusverehrung in Sachsen.

und werden wegen der angenommenen wundertätigen Wirkung der Reliquien besonders verehrt. Das Prachtstück Prager Goldschmiedekunst aus dem 14. Jh. enthält fünf Schädelstücke des Jakobus. Durch einen reichen Edelsteinbesatz gewinnt das kostbare Reliquiar zusätzlich an Wert.

Unter den Holzplastiken ist eine schlichte Oberlausitzer Schnitzarbeit aus dem frühen 16. Jh. besonders beeindruckend. Sie zeigt einen nachdenklichen „Christus in der Rast" auf dem Weg zum Kreuzestod. Die von Blut überströmte Figur mit Dornenkrone auf einem angedeuteten Felsen weist in ihrer Eindringlichkeit weit über die biblische Passionsgeschichte hinaus. Geschichten der Bibel aus einer gänzlich anderen Perspektive erzählt eine Marienfigur aus dem späten 14. Jh. Der hölzerne Korpus der Maria in güldenem Gewand hat unter der Brust eine rechteckige Öffnung, in der deutlich ein nacktes Jesuskind zu erkennen ist. Die aus Schlesien stammende Figur mit der „Kindeswohnung unter dem Herzen" ist eine der wenigen erhaltenen Mariendarstellungen dieser Art in Deutschland.

Eine Besonderheit in der Schatzkammer sind Exponate zu den religiösen Traditionen der Oberlausitz. Unübersehbar ist die barocke Madonnenfigur für die Wallfahrten nach Rosenthal. Bei der Pfingstwallfahrt sorbischer Gemeinden wird die Figur von Mädchen in Tracht getragen. Aus der Wallfahrtskirche zeigt die Schatzkammer ein spätgotisches Messbuch und eine Silbergarnitur, die Kaiser Leopold 1678 der Kirche schenkte. Zu sehen sind Raritäten wie Kindbettbildchen oder Karfreitagsklappern. Schließlich wird auch auf Persönlichkeiten der Region verwiesen. Ein besonderer Platz gebührt dabei dem Priester Jakub Bart-Cišinski, der 1856 in Kuckau geboren wurde und als wichtigster sorbischer Dichter des 19. Jh. gilt.

Bei der mittleren dieser Heiligenfiguren aus der Schatzkammer von St. Marienstern handelt es sich um Katharina von Alexandria. Das zerbrochene Rad symbolisiert ihr Martyrium, sie sollte mithilfe von vier mit Nägeln versehenen Eisenrädern zu Tode gefoltert werden. Doch zerbrach, der Heiligenlegende zufolge, ein Engel das Räderwerk. Einen Drachen trägt Margareta von Antiochia, den Turm als Attribut hat die heilige Barbara.

Im Zeichen von Nächstenliebe und Toleranz – die Herrnhuter

Über Jahrhunderte profitierte die Lausitz von ihrer engen Bindung an Böhmen. Doch im Zeitalter der Glaubenskriege war es umgekehrt. Nach den Wirren der Reformation wurde die Oberlausitz zur neuen Heimat für viele böhmische Glaubensflüchtlinge.

Eine Glocke und eine Gedenktafel weisen noch auf die Grundsteinlegung des ersten Betsaals der Brüdergemeine Herrnhut im Mai 1824 hin.

Für die Protestanten in Böhmen war es nach der Niederlage der evangelischen Stände am Weißen Berg ungemütlich geworden. Zwar soll die Schlacht bei Prag mit tausenden Soldaten auf beiden Seiten nicht einmal zwei Stunden gedauert haben, doch der militärische Sieg der kaiserlichen Truppen im November 1620 war auch ein innenpolitischer: Er festigte die Macht des katholischen Hauses Habsburg und setzte dem Nebeneinander von Katholiken und Protestanten in Böhmen ein jähes Ende.

Anders in der Oberlausitz. Dort hatten sich die Städte schon bald zur lutherischen Lehre bekannt – Zittau bereits 1521 und Bautzen zwei Jahre später, gefolgt von Görlitz und Lauban (1525) sowie Kamenz und Löbau (1527). Auch unter der sorbischen Bevölkerung war die Reformation erfolgreich. Andererseits unternahm das Domkapitel von Bautzen alles, um die katholische Kirche in der Region zu retten. Den Klöstern Marienstern und Marienthal drohte mehrmals eine Umwandlung in Damenstifte.

Insgesamt aber siegte – besonders unter dem Eindruck der Verwüstungen im Dreißigjährigen Krieg – in den damaligen Auseinandersetzungen der gegenseitige Respekt vor dem jeweils anderen Glauben. Am deutlichsten kommt diese Toleranz bis heute in der gemeinsamen, wenn auch nicht gleichzeitigen Nutzung des Bautzener Petridomes zum Ausdruck: Die Protestanten feiern ihre Gottesdienste im Kirchenschiff, während die katholische Messe im Altarraum stattfindet – und dies seit 1523. Das Gewohnheitsrecht aus dem Zeitalter der Reformation haben beide Seiten per Vertrag 1583 ausdrücklich bestätigt. Dieser tolerante Geist ebnete letztlich den Weg für die Glaubensflüchtlinge aus dem Nachbarland. Denn in Böhmen brachte auch der Westfälische Friede nach drei Jahrzehnten Krieg in Europa keine Verbesserung für die Anhänger des evangelischen Glaubens, die sich nach dem Tod von Jan Hus auf dem Scheiterhaufen 1457 als „Böhmische Brüder" zusammengeschlossen hatten. Ein Jahrhundert später standen sie vor der Wahl, zur alten Kirche zurückzukehren – oder aber auszuwandern. Zehntausende Menschen aus Böhmen und Mähren entschieden sich für letzteres und zogen schon kurz nach der Schlacht am Weißen Berg gen Norden.

Die ersten Siedlungen von Glaubensflüchtlingen entstanden ab 1650 im heute polnischen Teil der historischen Lausitz und 1654 mit Johanngeorgenstadt im westlichen Erzgebirge. Weitere Neugründungen waren 1657 Neugersdorf und 1670 Neusalza bei Zittau im Oberlausitzer Bergland. In Zittau stand den Exulanten ab 1691 der Heffterbau des einstigen Franziskanerklosters für Gottesdienste in tschechischer Sprache zur Verfügung.

Eine neue Auswanderungswelle begann 1722, nachdem der sächsische Graf Nikolaus Ludwig von Zinzendorf (1700–1760) die Flüchtlinge ausdrücklich auf sein Gut Berthelsdorf bei Löbau eingeladen hatte. „Wenn jene Leute zu mir kommen wollen, so will ich ihnen Aufenthalt geben", soll der tolerante Kosmopolit dem mährischen Zimmermann Christian David versprochen haben: „Wollen sie Gott suchen, so ist es mir lieb." Daraufhin habe der Handwerker seine Axt in einen Baum geschlagen und verkündet: „Dieser Ort soll die Hut des Herrn genannt werden, und ihr, die ihr darinnen wohnt, sollt Tag und Nacht darüber wachen, dass das Werk der Gnaden, welches hier angefangen wurde, ungehindert fortgehe." So jedenfalls ist der Anfang der neuen Siedlung am Hutberg überliefert – und die Entstehung ihres Namens Herrnhut. Unter der „Obhut des Herrn" begann der Aufbau einer neuen christlichen Lebensgemeinschaft im Geist der Nächstenliebe und der Toleranz. Eine Abendmahlsfeier am 13. August 1727 gilt als die Geburtsstunde der Herrnhuter Brüdergemeine (auch kurz Brüdergemeine)

Der Kirchensaal von Herrnhut steht auf Grundmauern von 1756. Nach der Zerstörung des Gebäudes im Mai 1945 dienten die Entwürfe von Siegmund August von Gersdorf (1702–1777) ab 1951 als Vorlage für den Wiederaufbau nach historischem Vorbild.

Unter der Obhut des Herrn begann der Aufbau einer neuen christlichen Lebensgemeinschaft.

und damit der ersten evangelischen Freikirche überhaupt. Die englische Bezeichnung Moravian Church erinnert an ihre Wurzeln in der böhmisch-mährischen Reformation des 14. Jh.

Gemeinden scharen sich um bescheidene Kirchen

Der Impuls von Herrnhut führte in der Oberlausitz bald zu weiteren Neugründungen. Am 8. August 1742 legten protestantische Glaubensflüchtlinge in der Nähe von Görlitz den Grundstein für Niesky. In Uhyst bei Boxberg eröffneten die Herrnhuter im Jahr darauf eine Schule für sorbische Kinder und 1782 ein Adelspädagogium, zu dessen Zöglingen einst auch der junge Ludwig Heinrich Hermann Fürst von Pückler aus Muskau gehörte. In der bereits ab 1751 entstandenen Siedlung Kleinwelka nördlich von Bautzen sah die Brüdergemeine eine besondere Aufgabe in der Bildung und Mission unter der sorbischen Bevölkerung.

Die meisten Herrnhuter Siedlungen sind auch nach Jahrhunderten noch an ihrem äußeren Erscheinungsbild zu erkennen. Wichtigstes Gebäude am zentralen Platz, der zumeist Zinzendorf-Platz heißt, ist die Kirche. Doch anders als gewohnt wird der Ort von ihr nicht überragt oder dominiert. Mit dem kleinen Dachreiter für die Glocke fügt sie sich bescheiden ein in das charakteristische Gesamtensemble. Dazu gehörten ursprünglich neben Brüderhaus, Schwesternhaus und Wohngebäuden mitunter auch Internatsschulen, Gasthöfe, Krankenhäuser oder Witwenhäuser. Etwas entfernt wurde jeweils der Gottesacker angelegt. Seine äußerst schlichten und schmucklosen Grabstätten geben dem Ort eine besondere Würde.

Der Kirchsaal einer Brüdergemeine zeigt sich im Inneren stets in schmucklosem Weiß. Die Farbe Weiß gelte als Farbe der Freude, der Reinheit und der Erlösung, sagen die Herrnhuter. Zudem komme in einem schlichten Saal die versammelte Gemeinde als das Wichtigste am besten zur Wirkung. Die weißen Bankreihen sind quer zum grün gedeckten „Liturgustisch" aus-

Der Kosmopolit und die erste evangelische Freikirche

Nikolaus Ludwig von Zinzendorf wurde am 26. Mai 1700 in Dresden geboren. Die aus Österreich stammende Adelsfamilie war zum Protestantismus übergetreten und lebte ihren Glauben in der gefühlsbetonten Frömmigkeit des Pietismus. Sein Patenonkel Philipp Jacob Spener war der wichtigste Vertreter dieses neuen Geistes, von dem auch die Lehranstalt von August Herrmann Francke beseelt war. Bevor der zehnjährige Zinzendorf dorthin kam, hatte er bei seiner frommen Großmutter Henriette von Gersdorf in der Nähe von Zittau eine unbeschwerte Kindheit verlebt. Die frühen Eindrücke von einem offenen Haus sollten prägend für ihn bleiben. Bei seinen Bildungsreisen 1719/20 in die Niederlande und nach Frankreich sowie später als Herrnhuter Prediger in alle Welt begegnete er Angehörigen anderer Konfessionen und Kulturen stets mit Respekt. Auf der Grundlage dieser Toleranz hatte er auch 1722 den bedrängten Glaubensflüchtlingen aus dem Nachbarland auf seinem Gut Asyl gewährt.

Gleichwohl blieben Rückschläge und Zerreißproben in der ersten evangelischen Freikirche nicht aus. Doch der fromme Kosmopolit und Reichsgraf Zinzendorf sah am Ende seines Lebens in der neuen Gemeinschaft sein Ideal vom toleranten Zusammenleben gläubiger Menschen bestätigt – unabhängig von der konfessionellen Prägung und offen für die Welt. Nikolaus Ludwig von Zinzendorf starb am 9. Mai 1760 in Herrnhut.

Das Gemälde von 1740 zeigt ein Porträt des frommen Grafen von Zinzendorf (links). Auch der Dachreiter des im Krieg zerstörten Kirchsaals wurde 1953 originalgetreu wiederhergestellt (rechts).

gerichtet, der Altar und Kanzel ersetzt. Dabei waren die Sitzreihen noch bis weit ins vorige Jahrhundert strikt getrennt in „Schwesternseite" und „Brüderseite". Der Gang zwischen beiden Seiten ist geblieben, die alte Sitzordnung gilt heute nicht mehr.

Erstes Gebäude in Herrnhut war 1724 das Gemeinhaus mit Waisenhaus, Schulräumen, Wohnungen und Betsaal. 1732 lebten in der Siedlung schon rund 350 Menschen. Die neue Kirche nach dem Vorbild des Betsaales von Niesky besiegelte 1757 die Loslösung von der evangelischen Ortsgemeinde. Knapp 200 Jahre später zerstörte am Ende des Zweiten Weltkrieges ein Großfeuer die Keimzelle der Herrnhuter bis auf die Grundmauern. Der Kirchensaal konnte nach historischen Plänen wieder aufgebaut werden, während in einem kleinen Turm am einstigen Standort des Gemeinhauses die erste Glocke Herrnhuts an dessen Anfänge erinnert.

Missionstätigkeit in aller Welt

Mittlerweile zählt die evangelische Freikirche rund 985 000 Mitglieder in aller Welt. Ihr kirchliches Leben ist geprägt von einer heiteren Frömmigkeit in der Gemeinschaft wie auch im sozialen Engagement für Bedürftige und Kranke. Nicht zuletzt sind die Herrnhuter als „Streiter im Reiche Christi" für ihre weltweite Missionstätigkeit bekannt. Sie begann schon 1732 und führte bis nach Afrika, Amerika und Asien. Als erste Missionare schickte Graf Zinzendorf den fränkischen Töpfer Leonhard Dober und den mährischen Zimmermann David Nitschmann auf den Weg. Auf der Karibikinsel St. Thomas errichteten sie erstmals eine Herrnhuter Missionsstation. Ihrem kleinen sächsischen Ausgangspunkt bescherten die Missionare ein Museum mit exotischen Zeugnissen aus aller Welt. Die moderne Dauerausstellung zeigt rund 2000 Objekte aus fernen Kulturen, darunter Waffen, Schmuck und Keramik von indianischen Stämmen Südamerikas, ein Kajak aus Grönland, ein Hundeschlittengespann aus Labrador und vieles andere. Auch farbenprächtiger Glasperlenschmuck der südafrikanischen Xhosa, der lamaistische Buddhismus am Himalaya und eine mongolische Tempeljurte rücken ins Blickfeld. Ein weiter Bereich des heutigen Völkerkundemuseums Herrnhut vereint Kunstgegenstände, die bei der dritten Weltreise des englischen Kapitäns James Cook zwischen 1776 und 1780 gesammelt und über den Zweiten Weltkrieg gerettet wurden.

Dem Transfer der Ideen durch die Mission folgte schon bald der Austausch von Waren. Er ist vor allem verbunden mit dem Herrnhuter Abraham Dürninger (1706–1773). Der elsässische Kaufmann sollte ab 1747 den verschuldeten Gemeinladen mit Apotheke und

Die 25-zackigen Herrnhuter Weihnachtssterne werden seit 160 Jahren in Handarbeit hergestellt und sind mittlerweile ein weltweit verbreiteter Schmuck in der Adventszeit.

Gasthof sanieren – und gründete gleichzeitig ein äußerst erfolgreiches Wirtschaftsunternehmen, das bis heute existiert. Bald nach der Gründung war es der größte Leinwand-Exporteur der Lausitz. Um 1800 galt Dürninger & Co. unter allen sächsischen Unternehmen als die Nummer eins. Und 1827 brachte die Firma erstmals Zigarren aus Havanna auf den deutschen Markt.

Das zweifellos bekannteste Markenzeichen von Herrnhut indes sind die Weihnachtssterne. Mit ihren markanten Zacken aus 17 viereckigen und acht dreieckigen Pyramiden erfreuen sie seit über 100 Jahren zahllose Menschen in der Vorweihnachtszeit. Die klassische Variante aus gefaltetem Papier in Rot, Weiß und Gelb war ursprünglich für Kirchenräume, Kinder- oder Wohnzimmer bestimmt. Inzwischen gibt es längst robustere und größere Modelle aus Kunststoff. Sie erstrahlen alle Jahre wieder landauf, landab an Kirchen und öffentlichen Gebäuden zwischen der Dresdner Frauenkirche und dem Berliner Kanzleramt und nicht zuletzt auf Weihnachtsmärkten.

Die Sternenidee wird einem Herrnhuter Erzieher zugesprochen, der mit dem Schneiden und Kleben von Vierkantkörpern das räumliche Empfinden seiner Schüler fördern wollte. Die nachweislich ersten Weihnachtssterne schmückten die Feiern zum 50-jährigen Bestehen der Herrnhuter Knabenanstalt von Niesky. Verkauft wurden die Sterne erstmals 1897. Inzwischen fertigt die Herrnhuter Manufaktur jährlich rund 250 000 Exemplare in 60 Varianten – Tendenz steigend. Ihr Leuchten in der Adventszeit verleiht der Einstimmung auf Weihnachten einen besonderen Glanz.

Das Völkerkundemuseum Herrnhut ist seit 2010 ein Teil der Staatlichen Kunstsammlungen Dresden und präsentiert eine außergewöhnlich reichhaltige Sammlung mit Exponaten aus aller Welt.

Wander- und Kletterparadies Zittauer Gebirge

Der Höhenzug im Dreiländereck von Deutschland, Polen und Tschechien ist das kleinste deutsche Mittelgebirge. Die Bergkuppen mit ihren imposanten Sandsteinfelsen sind teilweise vulkanischen Ursprungs. Weit hinaus in die waldreiche Umgebung schweift der Blick von den Gipfelhöhen.

Als erste Besucher kamen Dichter und Maler. Der Zeitgeist der Romantik trieb sie im 19. Jh. hinaus in die Natur und hinauf auf die Berge, die ihren Blick weit machten und die Sinne frei. Um diese Zeit hatten Einheimische damit begonnen, die dichten Wälder und die Gipfel für Spaziergänger und Wanderer zugänglich zu machen. Schon 1823 stand auf der Lausche bei Waltersdorf ein erstes Berggasthaus. 20 Jahre später begann in Jonsdorf ein Stricker, auf eigene Faust einen Weg zu den geheimnisvollen Nonnenfelsen in der Nähe seines heimatlichen Weberdorfes zu schlagen. Um 1875 entdeckten auch Bergsteiger die imposante Bergwelt für sich. Die Schmalspurbahn von Zittau nach Oybin und nach Jonsdorf tat ab 1890 ein Übriges, damit sich das kleine Gebirge zur Urlaubsregion und zum Wanderparadies entwickeln konnte.

Mittlerweile kommen jährlich rund eine halbe Million Menschen für mehrere Tage ins Zittauer Gebirge sowie Tagesgäste in unbekannter Zahl. Damit gehört die Region längst zum „Urlaubsdeutschland", von dem der

Der Klettersteig an den Nonnenfelsen bei Jonsdorf gehört zu den touristischen Attraktionen des Ortes, führt über eine Gesamtlänge von 350 m und ist nur für Schwindelfreie geeignet.

rumänisch-deutsche Schriftsteller Richard Wagner jüngst in einer Betrachtung zur deutschen Seele schwärmte. Mittelgebirge sind für ihn „die gute Stube der Natur". In den Ortschaften „wie aus der Hutschachtel" wäre wohl selbst der Einheimische gern Tourist. „Manchmal möchte man Amerikaner sein, um das alles unvoreingenommen würdigen zu können", seufzt Wagner. Sein Credo lässt sich getrost auch auf den buchstäblich äußersten Zipfel im Südosten Sachsens übertragen.

Die markanten Nonnenfelsen aus Quarzsandstein sind das beliebteste Kletterrevier im Zittauer Gebirge und erheben sich etwa 100 m über das Tal des Pochebachs bei Jonsdorf.

Gebirge der Grenzen

Das Zittauer Gebirge ist der Teil des Lausitzer Gebirges, der in Deutschland liegt. Das Lausitzer Gebirge widerum ist Teil der Westsudeten. Fernwanderwege wie der bereits 1904 eröffnete Kammweg verbinden die Region mit dem sächsischen Erzgebirge ebenso wie mit dem Iser- und dem Riesengebirge auf tschechischer Seite. Der Oberlausitzer Bergweg führt von Zittau über 120 km bis in den Töpferort Neukirch am Fuße des Großen Picho, der auch „Oberlausitzer Rigi" genannt wird. Den Wanderer begleiten Sandsteinfelsgebiete und Gipfel aus Klingstein, dem vulkanischen Phonolith.

Heute stehen im Zittauer Gebirge alle Wege offen – auch über die Grenzen zu Polen oder Tschechien.

Bei einem Urlaub im Zittauer Gebirge sind jedoch schon die Wanderwege in nächster Nähe eine Herausforderung: Durch die Seitentäler und auf die Bergeshöhen führen sie insgesamt über mehr als 300 km. Auch dem grenzüberschreitenden Wandern durch das benachbarte Lausitzer Gebirge stehen alle Wege offen. Dabei weitet sich die Mittelgebirgslandschaft immer wieder zu faszinierenden Ausblicken auf weite Täler und waldgrüne Höhen, und am Wegesrand laden Gasthäuser und Bergbauden zu

Magischer Ort für Mönche und Marodeure

Der Oybin ist der wohl bekannteste Berg im Zittauer Gebirge. Mit seinen 514 m erhebt er sich „stolz und prachtvoll inmitten eines herrlichen Gebirgskranzes", wie der Thüringer Märchensammler Ludwig Bechstein schon 1853 schwärmte. Jahrzehnte zuvor hatten Romantiker wie Caspar David Friedrich ihn mit ihren Bildern bekannt gemacht. Die Darstellungen von einem mystischen Ort mit verfallenen Bauwerken trafen genau den damaligen Zeitgeist. Das gab letztlich den Impuls, den angesammelten Schutt zu beseitigen und so auch die Geschichte der Ruinen freizulegen.

Doch nicht alles, was man in der ersten Begeisterung für das Mittelalter zu entdecken glaubte, lässt sich historisch belegen. Wie etwa eine Erstürmung der Burg 1349 durch den Sechsstädtebund, um den böhmischen Raubritter von Michelsberg vom Oybin zu verjagen. Auch ein Besuch Goethes, der bekanntlich eine Vorliebe für markante Orte pflegte, ist nicht verbürgt. Um die überragende strategische Bedeutung des Berges an einem der wichtigen alten Handelswege wussten allerdings alle: Marodeure ebenso wie Majestäten.

Kein Kloster für die Ewigkeit

Zur Königsburg wurde der Oybin ab 1364 mit dem Kaiserhaus des deutschen Kaisers und böhmischen Königs Karl IV., der dort fünf Jahre später den Cölestinermönchen ein Kloster stiftete. Burg und Kloster gab es jedoch nur bis ins 16. Jh. Nach der Reformation verließen die letzten Mönche 1562 den Oybin. 1577 zerstörte ein Blitzschlag die kunstvoll ausgestatteten Bauten. Nach weiteren Schäden durch einen Felssturz 1681 überwucherte die Natur die Reste der Anlage. Erst 1745 wurde sie vom Dresdner Hofmaler Johann Alexander Thiele bei einem seiner Streifzüge durch die sächsisch-böhmische Landschaft wiederentdeckt.

Bald entstanden auf dem Oybin die ersten Berggasthäuser und der Bergringweg, auf dem sich bis heute die „romantische Perle der Oberlausitz" mit reizvollen Ausblicken erkunden lässt. Schon 1873 wurde der Ort in den Verband der Sächsischen Sommerfrischen aufgenommen. Er ist

der ideale Ausgangspunkt für Wanderungen im Zittauer Gebirge. Mit seinen dichten Wäldern und schroffen Felsen wirkt der Ort jenseits des aufgeregten Alltagstrubels bisweilen wie von einer anderen Welt. Die Urlauber, die zu allen Jahreszeiten an den Oybin kommen, finden daran offenbar Gefallen.

Nur noch Ruinen sind vom Kloster und der Burg auf dem Oybin übrig geblieben. Ausblicke aus den erhaltenen Fensterrahmen der Burg (links oben) lenken den Blick auf entferntere Erhebungen oder auf pittoreske Anblicke in unmittelbarer Nähe (oben).

erfrischender Einkehr ein. Die Lausche allerdings, mit 793 Höhenmetern die weithin sichtbare Königin der Oberlausitzer Berge über dem Kurort Waltersdorf, hat seit Jahrzehnten keinen Gasthof mehr. An die 1946 abgebrannte Baude auf der deutsch-tschechischen Grenzlinie erinnern nur noch wenige Reste. Dafür bietet das Gipfelplateau einen Panoramablick weit in das sächsische Vorland und zu den böhmischen Kuppen des Lausitzer Gebirges.

Ein Rundweg führt auf tschechischer Seite über die malerische Waldsiedlung Jägerdörfel (Myslivny) sowie die beiden Ortschaften Ober- und Niederlichtenwalde (Horní Světlá, Dolní Světlá) zum Lausche-Hochmoor, das 1986 trockengelegt wurde. Seitdem die Entwässerung wieder rückgängig gemacht wurde, kann sich das Moor als Lebensraum für gefährdete Pflanzen regenerieren – ein langwieriger Prozess.

Über den zweithöchsten Berg, den weiter östlich gelegenen und knapp 750 m hohen Hochwald, verläuft ebenfalls die deutsch-tschechische Grenze. Für Urlauber wie für Einheimische ist der „Aussichtsturm des Zittauer Gebirges" wegen der grandiosen Fernsicht ins Iser- und Riesengebirge ein bevorzugtes Ausflugsziel. Zudem bietet die Hochwaldbaude nach ausgedehnten Wanderungen nicht nur Speis und Trank, sondern auch Übernachtungsmöglichkeiten. Einer der Wanderwege hinauf führt vorbei an den markanten Felsen der Rosensteine und des Kelchsteins, mit denen sich das Gelände in der Nähe von Oybin als anspruchsvolles Klettergebiet zu erkennen gibt. Andere bizarre Felsformationen lassen sich in der Umgebung des Kurorts auf Schusters Rappen entdecken. Reizvolle Aussichten auf den Ort im Talkessel bieten die Mönchsfelsen und der Scharfenstein. Die Felsgebilde auf dem 580 m hohen Töpfer wirken wie Fabelwesen. Sie heißen Brütende Henne und Papagei, Küken, Saurier oder Schildkröte. Einige davon sind ebenso wie „Onkel und Tante" zwischen Töpfer und Zigeunerberg als Kletterfelsen ausgewiesen.

Zwischen den Felsen versteckte sich ein bekannter Räuber

Westlich von Oybin hält die Landschaft um Jonsdorf für Wanderer und Kletterer manch weitere Überraschung bereit. In den markanten Felsen über dem Kurort sah eine Beschreibung aus dem 18. Jh. „zwey Nonnen dicht nebeneinander mit Schleyer und Habit". Von den Nonnenfelsen fällt der Blick auf die gegenüberliegende „Felsenstadt" und den Hochwald im Hintergrund. Ein weiterer Rundweg bei Jonsdorf führt vorbei am „Löwen" und am Orgelfelsen aus senkrecht stehenden Sandsteinsäulen. Mitten im Wald erinnert der „Brotstein" – ein klei-

Die Zittauer Schmalspurbahn beendete 1890 im Kurort Oybin das Zeitalter der Postkutsche. Für die beschauliche Fahrt durch romantische Täler lassen sich die Züge 45 Minuten Zeit.

ner Sandstein mit Brot und Ährenkranz – an eine Legende aus dem 16. Jh. 1539 soll dort ein Engel auf wundersame Weise eine arme Frau mit ihren beiden Kindern vor dem Hungertod bewahrt haben.

Eine Legende der ganz anderen Art ist mit dem Weißen Stein im nordöstlichen Vorland des Zittauer Gebirges bei Großschönau verbunden. Der zerklüftete Felsen soll dem sagenhaften Räuberhauptmann Johannes Karasek im 18. Jh im sächsisch-böhmischen Grenzgebiet als Versteck gedient haben. Im nahen Seifhennersdorf ist dem Treiben Karaseks ein Museum gewidmet.

Für Kletterer einen guten Klang haben im Zittauer Gebirge Gipfelnamen wie Rabennest, Falkennest und Zuckerhut, aber auch Hussitenriff, Mönchswand oder Elfenturm – letztere vor allem für das Kinderklettern. Die 110 ausgewiesenen Kletterfelsen sind zwischen 10 und 45 m hoch und bieten alle Schwierigkeitsgrade. Der Alpine Grat an der Oybiner Felsengasse wurde zum ersten Mal 1953 begangen. Auf dem 1994 freigegebenen Steig an den Nonnenfelsen führt der Weg zum Gipfelbuch in schwindelnder Höhe über eine 9 m lange Hängebrücke. Doch dort sind Kletterprofis mit Sicherheit unter sich.

Wie ein Spielzeugdorf wirkt der Kurort Oybin vor der Kulisse des mächtigen Hochwaldes, über den die deutsch-tschechische Grenze verläuft. Der Aussichtsturm auf dem 749 m hohen Gipfel ragt über den Wald hinaus.

Früher das Revier der Räuber und Ritter – heute ein Ziel für Kletterer, Wanderer und Radler.

Seit jüngster Zeit ist das Zittauer Gebirge auch eine Top-Adresse für Mountainbiker. Sie finden dort auf kleinstem Raum 20 Touren zwischen leicht und schwer. Die einzelnen Abschnitte zwischen 2 und 65 km ergeben immerhin eine Gesamtlänge von über 600 km.

Parklandschaften wie Gemälde: Bad Muskau und Branitz

Mit den grünen Landschaftsparks von Bad Muskau und Branitz hinterließ Fürst Hermann von Pückler-Muskau in der Lausitz einzigartige Gesamtkunstwerke von Weltrang.

Ein weit verzweigtes Wegenetz führt die Schönheit des im englischen Stil angelegten Muskauer Parks vor Augen. Alle paar Schritte öffnet sich ein neuer Ausblick – so wollte es Fürst von Pückler-Muskau.

Der Ausblick ist atemberaubend. Vom Schloss bis zum Horizont erstreckt sich Grün in vielen Schattierungen. Hohe Bäume geben der Schlosswiese einen sorgsam inszenierten Rahmen. Manche von ihnen sind so alt wie der Muskauer Park. Ihr dichtes, grünes Laub verwandelt sich nach dem Sommer in ein weites Meer bunter Blätter. In der Herbstsonne bieten sie ein faszinierendes Spiel der Farben, bevor der erste Schnee die Szenerie in einen verschwiegenen und beinahe verwunschenen Ort verwandelt.

Die Muskauer Parklandschaft, das wohl bekannteste Werk des „grünen Fürsten" und einer der größten Landschaftsgärten Mitteleuropas, entstand

zwischen 1815 und 1845. Kurz zuvor hatte Hermann Fürst von Pückler-Muskau (1785–1871) von seinem Vater die dortige Standesherrschaft übernommen, in deren Dörfern damals rund 10 000 Menschen lebten. Bei der Umgestaltung des Schlossparks stand die englische Gartenkunst Pate, die sich nicht an strengen geometrischen Formen orientiert, sondern an den natürlichen Gegebenheiten der jeweiligen Landschaft.

Bei Bad Muskau ist sie geprägt von der weiten Aue der Lausitzer Neiße im Muskauer Faltenbogen, wie Geologen das Gebiet nennen. Pückler ließ beide Seiten des Flusses mit Brücken verbinden und führte an den Ufern und Hangkanten entlang neue Wege. Das Wechselspiel seiner Pflanzungen mit ausgedehnten Wiesen bringt bis heute überraschende Sichtachsen hervor, deren Perspektiven sich beim Spazierengehen oder bei einer gemächlichen Kutschfahrt immer wieder verändern. Denn ein Park muss laut Pückler „wie eine Gemäldegalerie sein, alle paar Schritte soll man ein neues Bild sehen". Die künstlich angelegten Wasserläufe sind mit kleinen Wasserfällen aufgewertet. An ausgewählten Punkten entstanden romantische Orte zum Verweilen – wie etwa der Blaue Garten mit der „Liebeshöhe", die Gloriette oder das „Englische Haus", das jedoch nicht mehr existiert.

Jenseits der Terrassenhänge am rechten Flussufer geht die Anlage über in den Äußeren Park, zu dem einst unter anderem eine Baumschule, eine Fasanerie und die Braunsdorfer Felder gehörten. In den Park eingebettet ist Bad Muskau, das oberhalb der Hauptstraße vom Bergpark gekrönt ist. Die Stadt sei „durch geschicktes Gruppieren und Bepflanzen so trefflich verdeckt, dass man tatsächlich während des Lustwandelns unter den Bäumen des Parkes nicht das geringste Anzeichen ihrer allernächsten Nähe empfängt", befand

Das Neue Schloss in Bad Muskau wurde ab 1863 im Neorenaissance-stil als Dreiflügelanlage gebaut. Die Pläne folgen weitgehend den Vorstellungen des Fürsten Pückler. Die Lage am Wasser und die auf das Schloss ausgerichteten Sicht-achsen des Parks orientieren sich am zeittypischen englischen Landschaftsideal.

Gartenkunst in ihrer höchsten Form verbindet Wasser und Land, räumliche Enge und überraschende Weite.

Schloss Branitz vor den Toren von Cottbus beherbergt neben dem Fürst-Pückler-Museum mit den historischen Wohnräumen des Fürsten auch eine Sammlung mit Werken des in Cottbus geborenen romantischen Landschaftsmalers Carl Blechen.

der Reiseschriftsteller August Trinius schon 1887. Die Beschreibung gilt nahezu unverändert, zumal das Städtchen 1945 in den letzten Kriegstagen zu drei Vierteln zerstört wurde und dabei seine einst dominierenden Bauten wie Fabriken, Kirchen und Rathaus verlor.

Der Krieg setzte auch dem Pückler-Park, durch den im April 1945 die Hauptkampflinie verlief, heftig zu. Das Schloss brannte aus, wurde Ruine. Der größte Teil des 830 ha großen Parks schien durch die neue Grenze an der Neiße zu Polen auf Dauer abgetrennt. Gleichwohl gab es immer Versuche, das Pücklersche Erbe zu bewahren. Sie führten 1988 zu einem deutsch-polnischen Vertrag über die Wiederherstellung des Gesamtkunstwerks. Neben Arbeiten im Freien begann 1995 der Wiederaufbau des Schlosses, und 2007 fielen mit der Osterweiterung der Europäischen Union im UNESCO-Welterbe Muskauer Park/Park Mużakowski endgültig die letzten Grenzbarrieren an der Neiße. Das Neue Schloss präsentiert sich seit 2008 weitgehend wieder in der um 1860 entstandenen Gestalt. Eine äußerst kurzweilige Ausstellung entführt in die gleichermaßen schillernde wie faszinierende Welt des einstigen Schlossherrn Pückler.

Der grüne Fürst und sein Meisterstück

Sein ehrgeiziges Projekt brachte ihm jedoch den finanziellen Ruin. 1845 musste er Muskau verkaufen. Der „grüne Fürst" ließ sich in Branitz nieder, auf dem maroden Stammschloss seiner Familie in der „elenden Kottbuser Gegend", wie er schrieb. Auch von den dort lebenden Menschen sprach er in einem herablassenden Ton. Doch gleichzeitig gab er sich überzeugt, dass sie ihm „einst viel Dank schuldig sein" würden. „Die Überzeugung, etwas dem großen Geiste der Natur Wohlgefälliges zu tun, entschädigt mich reichlich für schwere und bedeutende Opfer", befand er Ende 1847 zu seinem „Meisterstück" Branitzer Park. Anders als in Muskau musste Pückler diesen Schlosspark auf dem „platten Pfannkuchen" der kargen Niederlausitz gleichsam aus dem Nichts erschaffen. Jeder Hang und jeder Hügel wie auch die Wasserläufe und Seen sind künstlich angelegt. Um so eindrucksvoller ist die entstandene Anlage. Auf einer Fläche von 600 ha weitet sie sich vom Schloss als Zentrum bis zum Außenpark mit unterschiedlich genutzten Flächen.

Einzigartig inmitten des weitläufigen Parks sind die beiden Erdpyramiden, mit denen Pückler an seine ausgedehnte Orientreise zwischen 1834 und 1840 erinnerte. Die größere Pyramide in einem See bewahrt die sterblichen Überreste des Fürsten und seiner Frau Lucie. Fahrten mit der *Pücklergondel* ermöglichen eine größtmögliche Annäherung an das Fürstenpaar, dem im Schloss eine Ausstellung im Ambiente seiner Zeit gewidmet ist.

Lebemann, Exzentriker und Gartenkünstler

An den Legenden um sein Leben hat der „Pascha von Muskau" fleißig selbst gestrickt. Dabei folgten die Inszenierungen einem klaren Bekenntnis: „Bei mir heißt es nicht: Was werden die Leute davon sagen? Sondern: Werden auch die Leute etwas davon sagen?" So fehlt denn auch in keiner Biografie Pücklers Aufzug mit gezähmten Hirschen auf dem Berliner Boulevard Unter den Linden.

Schon als junger Graf machte Pückler, der in den pietistischen Anstalten der Herrnhuter Brüdergemeine erzogen wurde, durch Auffälligkeiten wie Raufereien und Duelle auf sich aufmerksam. Nach der Schulzeit studierte er kurzzeitig Jura, ging dann aber zum Militär und entdeckte bald seine Leidenschaft für das Reisen.

Seine andere große Vorliebe waren Frauen, die er in Salons ebenso umschmeichelte wie in zahllosen Briefen. Allein die Krakauer Jagiellonen-Bibliothek bewahrt rund 80 000 Blatt von Pücklers Korrespondenz. Sie verband ihn mit Aristokratinnen ebenso wie mit Bürgerlichen oder Künstlerinnen, unter ihnen die emanzipierte Bettina von Arnim. In Krakau liegen zudem „Konzepte alter Liebesbriefe, bei Gelegenheit wieder zu verwenden". So jedenfalls hat Pückler das Bündel beschriftet.

Ehefrau Lucie, seine „Schnucke" aus dem Hause des preußischen Staatskanzlers von Hardenberg, erwies sich trotz alledem zeitlebens als tolerante Partnerin. Nicht zuletzt bei seinen Gartenprojekten hat sie ihn maßgeblich unterstützt. Neben Muskau und Branitz gehören dazu ferner Babelsberg, Neuhardenberg, Weimar und Wilhelmsthal. Die Muskauer Pläne beschrieb Pückler 1834 in seinen *Andeutungen über Landschaftsgärtnerei* – ein Standardwerk bis heute.

Henriette Sontag (oben) war eine der von Fürst Pückler (unten) verehrten Frauen. Pücklers sterbliche Überreste ruhen in einer Erdpyramide im Branitzer Park.

Niederlausitz: Wandel einer Landschaft

Die Niederlausitz hat einen eher spröden Charme. Das Landschaftsbild ist weithin geprägt vom Dreiklang „Pfützenland – Heideland – Kohleland". Doch die Niederlausitz ist weitaus mehr.

Weite Teile der Niederlausitz werden von einer einsamen Heidelandschaft eingenommen. Sandige Wege führen hinein in die violett blühende, von lichten Waldstücken und Einzelbäumen durchsetzte Callunaheide.

Während frühzeitliche Naturgewalten die südliche Lausitz zu einer abwechslungsreichen Landschaft formten, hinterließen die Eiszeiten den nördlichen Teil als unspektakuläre Tiefebene. Neben dem einzigartigen Spreewald bieten lediglich die Hügelketten des Lausitzer Landrückens in der westlichen Niederlausitz und des Muskauer Faltenbogens im Osten etwas Abwechslung – wenn auch die Erhebungen nur selten 160 Höhenmeter „überragen". Insgesamt aber dominieren in der nur dünn besiedelten Region weite Ebenen mit ausgedehnten Wald- und Heideflächen. Umso leidenschaftlicher kämpften im vorigen Jahrhundert Umweltschützer um Naturschutzgebiete in der Region: „Machen Sie der Niederlausitz diese Freude! Sie ist doch schon in der Eiszeit zu kurz gekommen!", war 1932 ein entsprechender Appell überschrieben.

Bis 1945 erstreckte sich die Niederlausitz im Osten bis an Oder und Bober im heutigen Polen. Mit der deutsch-polnischen Grenze an Oder und Neiße kam nach dem Zweiten Weltkrieg ein Drittel der historischen Landschaft zum östlichen Nachbarland. Westliche Eckpunkte der Niederlausitz mit dem Spreewald sind die brandenburgischen Städte Doberlug-Kirchhain, Luckau und Golßen sowie der Flusslauf der Dahme. Die nördliche Grenzlinie etwa von der Spree oberhalb des Spreewaldes bis nach Fürstenberg an der Oder zog sich einst bis nach Crossen, dem heute polnischen Krosno Odrzanskie. Die südliche Niederlausitz wird von der Schwarzen Elster bei Senftenberg über Spremberg bis zur Neiße etwa von der Landesgrenze zwischen Brandenburg und Sachsen begrenzt; früher ging sie bis nach Sorau (polnisch Żary). Die alten Lausitzer Städte Fürstenberg, Guben und Forst sind seit dem Kriegsende Grenzstädte. Vor wenigen Jahren wurden sie jedoch mit der Osterweiterung der Europäischen Union zum Ausgangspunkt eines aufblühenden Tourismus zu Orten der Vergangenheit bei den polnischen Nachbarn.

In Sichtweite des Großkraftwerks Boxberg erstreckt sich der Landschaftsgarten und Findlingspark Nochten. Die großen steinernen Zeugen der Eiszeit wurden einst in verschiedenen Tagebauen freigelegt.

Der Name Lausitz stammt von Lusizi; so hieß einer der slawischen Stämme, die sich in die Sumpflandschaft wagten.

Die Bezeichnung Lausitz verdankt die Region dem slawischen Stamm der Lusizi, die sich vor anderthalb Jahrtausenden in der Sumpflandschaft zwischen Oder, Spree und Neiße niederließen. Der Name galt ursprünglich für das gesamte Siedlungsgebiet der Slawen. Die Unterscheidung zwischen Nieder- und Oberlausitz setzte sich erst im 15. Jh. durch, nachdem das Sechsstädteland zwischen Kamenz und Lauban in einer kaiserlichen Urkunde als „lusatia superior" bezeichnet worden war.

Bevor die historische Lausitz vom ausgedehnten „Pfützenland", einem schwer zugänglichen Sumpfgebiet, zu einer entwickelten Kulturlandschaft werden konnte, mussten die ersten Siedler zunächst das Land trockenlegen. Auf ihren kleinen Feldern wuchsen Getreide und andere Nutzpflanzen. Für Fleisch, Milch, Fett, Leder und Wolle hielten sie Rinder, Schweine, Schafe, Ziegen und Geflügel. In den Wäldern sammelten sie Beeren, Obst und Nüsse, und Wildbienen sorgten für Honig und Kerzenwachs.

Vor Angriffen kriegerischer Nachbarn schützten sich die Slawen mit zahlreichen Burgen. Die Wallmauern der kreisrunden Anlagen waren massive Holzkonstruktionen, die sie mit Sand und Steinen füllten und mit einem Graben umgaben. Auf dem Burghof boten Hütten den Geflüchteten Schutz und Unterkunft. Viele dieser etwa 40 Flucht- und Speicherburgen haben die Zeiten als überwachsene Ruinen überdauert. Eine der am besten erhaltenen Burgen ist bei Groß Jehser westlich von Calau auf freiem Feld deutlich zu erkennen. Ein anschauliches Bild von den tatsächlichen Ausmaßen gibt die rekonstruierte Slawenburg Raddusch. Im Frühjahr 2003 als modernes Museum für Archäologie eröffnet, erzählt sie seither ihren Besuchern spannend die Frühgeschichte der Niederlausitz.

Ganz in der Nähe entstand mit Luckau im 13. Jh. das westliche „Tor zur Lausitz". Vom einstigen Wohlstand des Städtchens, das es 1492 sogar zur Hauptstadt der Niederlausitz brachte, künden Bürgerhäuser mit prächtigen

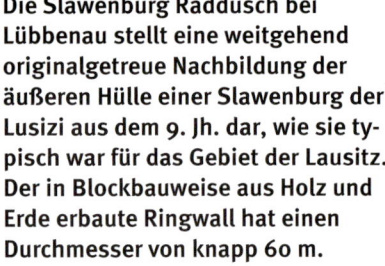

Die Slawenburg Raddusch bei Lübbenau stellt eine weitgehend originalgetreue Nachbildung der äußeren Hülle einer Slawenburg der Lusizi aus dem 9. Jh. dar, wie sie typisch war für das Gebiet der Lausitz. Der in Blockbauweise aus Holz und Erde erbaute Ringwall hat einen Durchmesser von knapp 60 m.

Fassaden am Markt und die imposante Nikolaikirche. Auf den wohl berühmtesten Gast von Luckau verweist im Stadtmuseum eine alte kupferne Wärmflasche. Sie wurde in einer kalten Julinacht des Jahres 1813 dem frierenden Kaiser und Feldherrn Napoleon gereicht.

Am Marktplatz von Luckau zeugen barocke Giebelhäuser von einstigem Reichtum. Die brandenburgische Landesgartenschau im Jahr 2000 war für die Stadt ein willkommener Anlass zur Restauration zahlreicher Gebäude, doch noch bleibt einiges zu tun.

Das Ende der Unabhängigkeit

Luckau wurde unweit des Ortes gegründet, an dem der sächsische Markgraf Gero im Jahr 963 seine Gerosburg errichten ließ. Zuvor hatte er die Slawen an Spree, Oder und Neiße besiegt und „in eine totale Knechtschaft" gezwungen. So jedenfalls urteilte der zeitgenössische Chronist Widukind von Corvey in seiner *Sachsengeschichte*. An die strategisch bedeutsame Burg auf dem Grünen Berg zwischen den heutigen Ortschaften Walddrehna und Gehren erinnern nur noch wenige Reste. Einst ermöglichte die Burg dem neuen Herrscher die Kontrolle von großen Teilen des eroberten Gebietes.

Die Landnahme durch den ottonischen Markgrafen bedeutete nicht nur das Ende der bis dahin unabhängigen Lausitz. Ihre Eingliederung in das entstehende Heilige Römische Reich Deutscher Nation brachte der Region im Mittelalter auch einen ersten „Aufschwung Ost". Die slawischen „Ureinwohner" gründeten gemeinsam mit zugewanderten Bauern und Handwerkern aus anderen Teilen des Reichs an alten Siedlungsorten und an Verkehrswegen neue Dörfer und erste Städte. Ortsnamen wie Frankendorf oder Dörgenhausen (Dorf der Thüringer) verweisen auf die Herkunft der Zuge-

Die urspünglich gotische Kirche St. Marien im Kloster Neuzelle erhielt ihre heutige barocke Gestalt im Jahr 1741. Nach dem Zweiten Weltkrieg wurde sie Wallfahrtskirche des Bistums Görlitz.

Die Niederlausitz hat ihre Schönheiten, wenn auch nicht überall und für jeden auf Anhieb sichtbar.

zogenen. Die Slawen nannten Dörgenhausen einfach Němcy – was so viel wie „die Deutschen" bedeutet.

Zu Zentren der Kolonisation wurden – wie in der Oberlausitz – die Klöster. Die erste Klostergründung in der Niederlausitz war 1165 das Zisterzienserkloster Dobrilugk im heutigen Doppelort Doberlug-Kirchhain bei Finsterwalde. Die Mönche kamen aus dem Thüringer Mutterkloster Volkenroda und brachten den Landesausbau vor allem in der westlichen Niederlausitz voran. Mit den landwirtschaftlichen Erzeugnissen aus ihren bis zu 40 Dörfern handelten sie auf Märkten bis nach Luckau und nach Lübben. Das Kloster wurde nach der Reformation säkularisiert und bei einem Großfeuer 1852 weitgehend zerstört. Einzig die seit 1676 evangelische Klosterkirche und das Refektorium überstanden die Katastrophe.

In der östlichen Niederlausitz waren die Zisterzienser der 1268 gegründeten Abtei Neuzelle aktiv. „An der Stelle der Kirche stand sonst ein Berg, den man 1234 abzutragen anfing", so beschrieb der Dresdner Pädagoge und Schriftsteller Karl August Engelhardt 1810 die Anfänge des Klosters: „Die ganze Erde karrte man in einen Sumpf und bildete daraus einen Weinberg, der eine der schönsten Aussichten nach den Gebirgen und über die Wiesenflächen an der Oder gewährt." Zu den rund 30 Dörfern der Neuzeller Klosterherrschaft am Schlaubetal gehörte auch Fürstenberg, das in der DDR in der sozialistischen Neugründung Eisenhüttenstadt aufging. Neuzelle wurde

1817 als eines der letzten deutschen Zisterzienserklöster
säkularisiert. Die prächtige barocke Stiftskirche blieb jedoch katholisch. Die Kreuzkirche wird von der evangelischen Gemeinde genutzt.

Eine typische Kleinstadt aus der Zeit des Landesaus-
baus ist Senftenberg an der Schwarzen Elster. Die einst von
Sümpfen und Gewässern umgebene Stadt wurde im Schutz
einer Burg angelegt und 1279 erstmals erwähnt. Archäologische Grabungen ergaben jedoch eine wesentlich frühere
Ortsgründung. Sie wird mittlerweile auf die Jahre um 1200
datiert. Die Stadt lebte über Jahrhunderte hauptsächlich
von der Landwirtschaft und der Fischerei, aber auch von
Weinbau. Zudem profitierte Senftenberg von seiner Lage
an der Niederstraße, die in der Niederlausitz weiter über
Spremberg und Cottbus führte.

Die historische Handelsstraße von der Rhein-Region
bis ins schlesische Breslau stand allerdings stets im Schatten der weiter südlich verlaufenden *Via regia*. So blieb denn
auch die Niederlausitz bis weit ins 19. Jh. geprägt von der
Landwirtschaft. Knapp zwei Drittel der Flächen waren
Ackerland, der Rest Wälder und Heide. Die dortigen Felder
lieferten seit alters Getreide, Obst und Gemüse – darunter
seit 1725 auch Kartoffeln – sowie Flachs und Hanf für die
Herstellung von Textilien. Von den Waldzeidlern und
später von den Imkern kam Honig aus den Wäldern und
von den Heidelandschaften. Doch ab etwa 1850 sollte die
Braunkohle die gesamte Lausitz radikal verändern – über
einen Zeitraum von 150 Jahren.

Vormarsch der Braunkohle

Das rasch wachsende Braunkohlerevier bei Senftenberg
und die damit verbundene Industrialisierung blieben nicht
folgenlos für ein weit verbreitetes Negativ-Bild von der
Niederlausitz. Doch schon im 18. Jh. wurde die Region
wenig schmeichelhaft beschrieben. Den Einfall, die „wendische Tartarei zu durchstreichen", habe er „hundertmal
bereuet", resümierte der sächsische Pfarrer Christian Gottlieb Schmidt 1789. In seinen Reiseberichten erinnerte er
sich hauptsächlich an „magre Sandfelder" und „dürre
Steppen". Die „zuweilen in der Ferne" auftauchenden Hütten kündeten nach
seinem Eindruck von einem „armseligen kümmerlichen Auskommen", und
über „einige Meilen lang" sah er „Gegenstände, über die das Auge lieber
dahin eilt als sich dabei aufhält". Am schlimmsten empfand der reisende

Mühlenlandschaft Niederlausitz

Zum Mahlen von Korn gab es früher fast in jedem Lausitzer Dorf eine Wind- oder Wasser-mühle. Doch viele der Mühlen fielen dem Tage-bau zum Opfer. Erhalten und sorgsam restauriert ist die weithin sichtbare Holländer-mühle in Straupitz am nördlichen Rand des Spreewaldes (Bild). Sie ist die letzte produzie-rende Dreifachmühle Europas mit Korn-, Öl- und Sägemühle unter einem Dach. Bis heute werden in schwerer Handarbeit aus jeweils 10 kg Leinsaat rund 2,5 l Leinöl gewonnen. Ein kapitales Stück ist auch die restaurierte Paltrockmühle bei Oppelhain im Naturpark Heidelandschaft. Dagegen künden an den Bachläufen von Schlaube, Oelse und Dorche im Schlaubetal zahlreiche Wassermühlen von ihrer Geschichte als Mahl- und Schneidwerk oder als Hammerbetrieb.

Das Naturschutzgebiet Bocheltsbusch südlich von Luckau umfasst ein rund 300 ha großes Niedermoor mit offenen Wasserflächen, Schilfröhrichten und Feuchtwiesen. Im Herbst sammeln sich dort Tausende von Kranichen vor ihrem Abflug in den Süden.

Prediger den Weg von Lübben nach Guben: „Elendere Gegenden, trostlosere Heiden und Sümpfe, armseligere Dörfer und Landleute sah ich nie als hier." Die Landschaft zwischen Spreewald und Neiße beschrieb er als „grundloses Sandmeer" und „unabsehliche Ebene, welche nicht eine einzige erfreuliche Aussicht darbot". Gleichwohl schrieb er auch vom „Umgang mit so manchem wohlwollenden braven Mann" und vom „Genuss einiger herrlicher Naturszenen".

Davon berichtete 100 Jahre später auch der Reiseschriftsteller August Trinius, der uns schon an der Spree in der Oberlausitz begegnete. Von der Gegend zwischen Finsterwalde und Luckau schwärmte er, es sei „ein fröhliches Wandern über diesen Landstrich". Zur Osterzeit führte ihn der Weg von Calau, der „Metropole der bekannten Rindslederstiefel", nach Fürstlich Drehna mit seinem malerischen Schloss. Unterwegs sah er „die stillen Dörfer eingehüllt in den Blütenschnee der Obstbäume", das helle Saatgrün erlebte er im Wechsel „mit den frisch gelockerten Erdschollen dunkler Ackerstreifen". Gelegentlich sei „das halbverwehte Läuten einer fernen Dorfglocke" zu hören gewesen. Insgesamt aber habe sich dem Wanderer „ein Bild erquickender Ruhe" geboten, über dem sich „der Sonne leuchtender Festglanz" breitete. Doch genug der romantischen Schwärmerei. Sie setzte einst einen Kontrapunkt zur fortschreitenden Industrialisierung, die auch in diesem stillen und fernen Winkel ihren Tribut forderte. Die „melancholische Ruine" der Wüsten Kirche bei Fürstlich Drehna, in deren Schatten Trinius „träumend in das sonnenbeglänzte Land hinausschaute", fiel in der DDR ebenso dem Braunkohletagebau zum Opfer wie so mancher Weg über die Felder zu den Dörfern. Auch große Teile des von Peter Joseph Lenné angelegten Schlossparks gingen verloren. Nunmehr kräuseln sich über dem gefluteten Tagebau die Wellen des neu entstandenen Drehnaer Sees.

Für das mittelalterliche Wasserschloss selbst begann mit der Enteignung nach dem Zweiten Weltkrieg eine düstere Zeit. Immerhin wurde der 1948 beschlossene Abriss mit der Einrichtung eines Erholungsheims verhindert.

Später zogen Schulungsstätten und ein Jugendwerkhof für schwer erziehbare Jugendliche ein, die dem abgelegenen Anwesen empfindlich zusetzten. Mittlerweile empfiehlt sich der einstige Stammsitz der Standesherrschaft Fürstlich Drehna im neuen Glanz eines romantischen Schlosshotels.

Der geradezu verwunschene Ort liegt im Naturpark Niederlausitzer Landrücken mit unberührter Natur einerseits und einer Landschaft andererseits, die sich nach den Jahrzehnten des Bergbaus langsam wieder erholt. Auch die südwestlich davon gelegene Heidelandschaft lebt von einer ähnlichen Symbiose. Dort umgeben Naturschutzgebiete die älteste Brikettfabrik Europas, die 1882 eingeweihte Fabrik „Louise", und das einstige Kraftwerk Plessa – Denkmäler und Museen der Industriekultur. Dagegen bewahrt der Naturpark Schlaubetal in der Nähe von Neuzelle und Eisenhüttenstadt eine einzigartige Gewässerlandschaft entlang des Flüsschens Schlaube.

Die elegant geschwungene Fassade der Universitätsbibliothek von Cottbus besteht aus Glas, das mit weißen Punkten bedruckt wurde. Sie formieren sich zu einem Mosaik aus Buchstaben, Zeichen und Formeln.

Cottbus – heimliche Hauptstadt der Niederlausitz

Die jüngste Attraktion von Cottbus steht etwas abseits – allerdings nur im topografischen Sinne. Denn die 2005 eröffnete Bibliothek der Technischen Universität gilt mittlerweile längst als ein herausragendes Beispiel für Architektur des 21. Jh. Entworfen hat das moderne Informations-, Kommunikations- und Medienzentrum das Baseler Architektenbüro Herzog & de Meuron, dessen Bauten von der Allianz-Arena in München über die Hamburger Elbphilharmonie, Museen, Geschäftshäuser und Banken in Europa und Übersee bis zum „Vogelnest"-Stadion der Olympischen Spiele von 2008 in Peking reichen. In dieser imposanten Nachbarschaft setzt das mehrfach ausgezeichnete Gebäude in Cottbus mit der organischen Formensprache seiner geschwungenen Fassaden einen nachhaltigen Akzent.

Cottbus zeigt sich fit für das 21. Jh., architektonisch setzt die Stadt dafür deutlich sichtbare Zeichen.

Ähnliches war der Stadt vor 100 Jahren schon einmal gelungen. 1908 überraschte sie mit einem neuen Theater, dessen Architekt Bernhard Sehring (1855–1941) kunstvoll mit dem damals modischen Jugendstil spielte. Seit den jüngsten Restaurierungen zeigt sich der einstige Zeitgeist in neuer Pracht: Schwingende Linien und ein reicher Skulpturenschmuck mit Motiven aus der antiken Sagenwelt verleihen der kompakten Architektur eine spielerische Leichtigkeit. Das Festliche eines Musentempels unterstreichen am Eingang die Obelisken mit liegenden Löwen. Über allem prangt hoch oben das eherne Motto „Der Deutschen Kunst". Diesem Anspruch stellt sich das Mehrspartenhaus seit 1992 als einziges Staatstheater in Brandenburg. Zusammen mit der Bibliothek ist das Theater einer jener Orte in Cottbus, an denen der Wandel von einer grauen Industriestadt zu einer lebendigen Uni-

Schon an den ersten sonnigen Frühlingstagen zieht es die Menschen in Cottbus auf den Altmarkt, der vom Turm der Oberkirche dominiert wird. Die Kirche wurde im Zweiten Weltkrieg fast vollständig zerstört und in anderthalb Jahrzehnten wieder aufgebaut.

versitäts- und Kulturstadt geradezu sinnlich erfahrbar wird. Längst widerlegt ist der Eindruck des Schweizer Gelehrten und Reiseschriftstellers Johann Bernoulli von 1779, wonach „blühender als die Gelehrsamkeit" in Cottbus „einige Handelszweige" seien. Gleichwohl verdankt die Stadt ihren Aufstieg seit dem Mittelalter vor allem dem Handel und Wandel zahlloser Handwerker, Tuchmacher und Leineweber. Die Industrialisierung der Region seit dem 19. Jh. erreichte mit der Bestimmung von Cottbus zum Zentrum des „Energiebezirkes" in der DDR ihren Höhepunkt. In jüngster Zeit besinnt sich die Großstadt wieder stärker auf ihre Wurzeln. Sie reichen zurück bis zur ersten Erwähnung um 1150 und sind vom Zusammenleben zwischen Deutschen und Sorben geprägt. Die slawischen Siedler errichteten schon im 10. Jh. an der Spree einen Burgwall, den heutigen Schlossberg. Mit dieser doppelten Geschichte ist Cottbus die größte zweisprachige Stadt in ganz Deutschland.

Ein anschauliches Spiegelbild zu Kultur und Lebensweise des kleinen slawischen Volkes in der Niederlausitz bietet das Wendische Museum mit seinen zahlreichen Exponaten zu Trachten, Literatur, Musik, Volkskunst und Brauchtum. Der legendäre Cottbuser Postkutscher präsentiert auf den Rundfahrten durch die heimliche Hauptstadt der Niederlausitz seine Heimat inmitten von viel Grün. Die Wälle und Gräben rund um die Altstadt sind schon seit dem 19. Jh. Parkanlagen. Entlang der Spree zieht sich der Grüngürtel vom Goethe-Park über die Spreeaue bis zu Fürst Pücklers Schloss und Park Branitz. Das städtische Leben pulsiert vor allem auf den Straßen und Gassen zwischen der Flaniermeile Spremberger Straße, dem Altmarkt und dem Oberkirchplatz mit der mächtigen Hallenkirche. Ihre markante Backsteingotik findet auf der nahegelegenen Mühleninsel ein reizvolles Pendant. Hinter den Klinkerfassaden des einstigen Dieselkraftwerks von 1928 wurde 80 Jahre später ein Museum für zeitgenössische Kunst eröffnet.

Große Sortenvielfalt auf kleinem Raum

In der südwestlichen Niederlausitz dreht sich fast alles um Äpfel, Birnen und andere heimische Obstsorten. Die Früchte gedeihen in der größten Streuobstregion Brandenburgs, die mit dem Pomologischen Schau- und Lehrgarten bei Döllingen ein neues Zentrum gefunden hat. Auf einer Fläche von 3 ha wachsen dort mehr als 300 Obstsorten, davon viele aus längst vergangenen Zeiten.

Streuobst statt Plantagen

Sie stehen für eine Vielfalt, die zunehmend in Vergessenheit zu geraten droht. Nachdem sie schon mit dem Übergang zu großen Obstplantagen immer kleiner wurde, ist sie im Zeitalter der Globalisierung weiter geschrumpft. Allein von den mehr als 3000 Apfelsorten in Deutschland ist im Handel heutzutage bestenfalls ein Dutzend wiederzufinden. Der Pomologische Garten setzt gegen diesen anhaltenden Trend ein blühendes Zeichen. Die Rundwege führen über Wiesen zu Äpfeln und Birnen, zu Kirschen und Pflaumen sowie zu „Beiobst" wie Quitten, Pfirsichen oder Nüssen. Ein von Obstbäumen gesäumter Acker verweist auf eine spezifische Form früherer Streuobstkulturen. Auf den Wiesen bei Döllingen wachsen vor allem bewährte regionale Sorten. Und der Verzicht auf Chemie kommt nicht nur einem umweltverträglichen Obstbau zugute: Streuobstwiesen sind immer auch artenreiche Lebensräume für andere Pflanzen sowie Tiere.

Bei den regelmäßigen Gartenfesten bieten die Initiatoren vom Verein „Kerngehäuse" den Besuchern vielfältige Informationen über den Anbau von kulturhistorisch interessanten Sorten, von denen manche vom Aussterben bedroht sind. Zudem lässt sich auf der Niederlausitzer Apfelroute der Weg des geernteten Obstes nachvollziehen – bis zur Saftflasche oder aber zur Destillerie für Obstbrände.

Mehr als 300 Obstsorten werden in den Döllinger Obstgärten kultiviert, darunter die ursprünglich von der Ostküste der USA stammende Schwarze Apfelbeere (links). Die robuste Strauchpflanze ist mit dem Apfel nur sehr entfernt verwandt und gehört zu den Rosengewächsen, der Geschmack ihrer vitaminreichen Früchte erinnert an Heidelbeeren.

Der Berlepsch-Apfel (rechts), dessen vollständiger Name Goldrenette Freiherr von Berlepsch lautet, wird schon seit gut 130 Jahren angebaut und ist wegen seines würzigen Geschmacks, seines besonders hohen Vitamin-C-Gehalts und seiner guten Lagerfähigkeit von jeher ein sehr beliebter Tafelapfel.

Vom Braunkohlerevier zur Seenplatte

150 Jahre Braunkohleförderung haben deutliche Spuren hinterlassen – in Natur und Landschaft wie auch bei den Menschen. Diese Veränderungen sind Herausforderungen für eine lebenswerte Zukunft.

„Kohlen werden, wo wir jetzt wohnen, gleich hinter den Wäldern geerntet und nicht nur im Herbst wie die Kartoffeln", lässt der Lausitzer Schriftsteller Erwin Strittmatter (1912–1994) sein Alter ego Esau Matt die Umgebung von Bohsdorf beschreiben. In dem kleinen Ort bei Spremberg hatten die Strittmatters 1919 den Dorfladen übernommen. Die „Colonialwarenhandlung" mit Backstube war einst für die Kohlekumpel nach der Schicht Treffpunkt auf ein Feierabendbier. Kohle war dort „so unrar wie anderwärts die Steine", erinnert sich Strittmatter Jahrzehnte später in seinem Roman *Der Laden*.

Sozusagen vor der Ladentür, die heute in eine kleine Strittmatter-Gedenkstätte führt, lagen damals die Gruben Konrad und Felix. Sie gehörten mit zu den ersten Braunkohlengruben im Lausitzer Revier, das keine Unterscheidung in Nieder- und Oberlausitz kennt. Schon um 1800 förderten bei Zittau landwirtschaftliche Betriebe aus kleinen Gruben die erste Kohle, die

Bevor die Braunkohle abgebaut werden kann, beseitigen bis zu 60 m breite Förderbrücken – wie hier im Tagebau Jänschwalde – das darüber liegende Deckgebirge.

sie vor allem als Dünger verwendeten. 1817 wurde in Puschwitz bei Bautzen ein Bergbaubetrieb eröffnet, 1830 folgten Berzdorf bei Görlitz und fünf Jahre später die Zeche Moholz bei Niesky.

Zur Wiege des Lausitzer Braunkohleabbaus wurde jedoch ab 1843 der Muskauer Faltenbogen. In dem hufeisenförmigen Höhenzug von Döbern über Weißwasser und Bad Muskau bis ins heute polnische Lebuser Land lag die Kohle dicht unter der Erdoberfläche und konnte so im Tiefbau vergleichsweise einfach abgebaut werden. Benannt wurden die Gruben und Betriebe zumeist nach Familienmitgliedern der Eigentümer. Um 1860 verlagerte sich mit den Kohlefunden bei Senftenberg der Schwerpunkt in die westliche Lausitz. Neue Technologien wie Eimerkettenbagger für Abraum und Kohle und später die offenen Tagebaue machten dort den Bergbau zusehends effizienter und großflächiger. Er wurde zum Motor einer rasanten industriellen Entwicklung, deren Anfänge sich heute entlang der touristischen Energie-Route Lausitzer Industriekultur eindrucksvoll nachvollziehen lassen. Zwar sind einige Tagebaukrater längst unter den Wellen von neu gefluteten, künstlichen Gewässern wie dem Senftenberger See oder dem Grünewalder Lauch bei Lauchhammer verschwunden. Nur wenige Kilometer entfernt indes gibt die älteste Brikettfabrik Europas eine Vorstellung von der Kohleverarbeitung im späten 19. Jh.

Die Fabrik Louise machte 1882 in Domsdorf den Anfang mit dem bereits 1855 patentierten Verfahren, nach dem wenige Jahre später mehr als 60 Betriebe arbeiteten: Lausitzer Kohle kam fast nur noch in Brikettform auf den Markt. Zum Beispiel auch aus dem 1887 eröffneten Werk in Knappen-

Auch im Grünewalder Lauch bei Lauchhammer kam nach dem Braunkohlebagger das Wasser und machte den einstigen Tagebau 1977 zum beliebten Badesee. Das Ufer des Gewässers ist in weiten Teilen dicht bewachsen. Aber auch sandige Badeplätze erwarten die Besucher.

Für die industrielle Entwicklung der Region ein Glücksfall: Braunkohle dicht unter der Erdoberfläche.

Der Geschäftsführer der IBA Fürst-Pückler-Land

„Wir haben großes Glück gehabt." Rolf Kuhn zeigt auf Fotos von Projekten der Internationalen Bauausstellung (IBA) *Fürst-Pückler-Land*, die es beinahe nicht gegeben hätte. Das Besucherbergwerk F60 bei Finsterwalde gehört dazu ebenso wie die Biotürme der einstigen Großkokerei Lauchhammer oder das Erlebniskraftwerk Plessa ganz in der Nähe. „Durch die Einbeziehung in das IBA-Konzept und das Engagement der richtigen Akteure vor Ort konnten diese einzigartigen Zeugnisse der Industriekultur erhalten werden", sagt Kuhn.

Der Städtebauer und Gebietsplaner stand von 2000 bis 2010 als Geschäftsführer an der Spitze der IBA in der Lausitz, die Visionen für die Landschaft und eine neue Lebensqualität nach dem Bergbau entwickelte. „Es ging vor allem um eine Perspektive für die Menschen in der Region, die nach 150 Jahren Braunkohlewirtschaft am Boden war", beschreibt Kuhn die Ausgangssituation. Für eine rekultivierte Landschaft waren verschiedene Szenarien denkbar. Bei einer „Wiedergutmachung" würden die Spuren der Vergangenheit unter planierten Indus-

triebrachen, rekultivierten Agrarflächen und gefluteten Tagebauen verschwinden. Ein anderes Szenario, in dem die Natur sich selbst überlassen bleibt, um sich langsam den zerstörten Naturraum zurückzuerobern, wäre mit erheblichen Risiken verbunden.

Der dritte Weg

Die IBA entschied sich für einen dritten Weg. „Die industrielle Vergangenheit der Lausitz sollte nicht ausradiert, sondern ganz bewusst in Entwicklungsstrategien für die Region integriert werden", erläutert Kuhn das Konzept. Das IBA-Team hat diesen Prozess zehn Jahre lang begleitet, dabei Ideen und Anregungen gegeben, Akzente gesetzt und gemeinsam mit regionalen Partnern Investitionen auf den Weg gebracht. Der Katalog umfasste nicht weniger als 30 Projekte, darunter mehrere Industriedenkmale, schwimmende Häuser auf Tagebau-Seen, die Slawenburg Raddusch, die sanierte Gartenstadt Marga oder auch der „Rostige Nagel" als 30 m hohe Landmarke im entstehenden Lausitzer Seenland.

Bis zum Ende der IBA seien 20 Vorhaben abgeschlossen sowie zwei in

der Bau- und acht in der Planungsphase gewesen, bilanziert Geschäftsführer Kuhn. Er war in den zehn Jahren der IBA so etwas wie ihr Gesicht. In zahllosen Gesprächen, Bürgerforen und Vorträgen versuchte er, die Region für seine Visionen zu begeistern. Anfangs hätten viele durchaus zurückhaltend reagiert: „Die Menschen hatten seit dem Ende der Braunkohle zu oft miterlebt, wie schnell hochfliegende Ideen gescheitert sind." Auch die IBA-Terrassen mit der Seebrücke, die in Großräschen über dem stillgelegten Tagebau Meuro ins Leere führten, fanden zunächst nur ein reserviertes Echo. Nur wenige konnten sich den Braunkohlekrater als attraktive Seenlandschaft vorstellen.

Zu Beginn der IBA seien geschätzte 80 % der Bevölkerung dagegen gewesen, stellt Kuhn nüchtern fest. Doch mit der Zeit habe sich die Stimmung gewandelt. „Am Ende hatten wir 80 % Zustimmung." Sie wuchs mit dem Erfolg der Projekte, von denen einige bald zum Selbstläufer wurden. Etwa die gigantische Förderbrücke F60, die als „Liegender Eiffelturm der Lausitz" weithin sichtbar die kleine Ge-

IBA-Geschäftsführer Rolf Kuhn am Groß-räschener See (links, unten), dessen Flutung bis 2015 abgeschlossen sein soll.

meinde Lichterfeld überragt und jähr-lich von Zehntausenden besucht wird. Oder die schwimmenden Häuser als neue Attraktionen für Urlauber und Wassersportler im Lausitzer Seenland.

Rolf Kuhn war beeindruckt vom Ausklang der IBA im September 2010. Damals zeichneten, von Musik beglei-tet, rund 5 000 Menschen mit ihren Fahrrad- und Taschenlampen den Um-riss des entstehenden Sedlitzer Sees in den Nachthimmel. Deutlicher konnte die Begeisterung über das zu diesem Zeitpunkt bereits Erreichte nicht ausgedrückt werden.

Die ausrangierte Förder-brücke F60 bei Finsterwalde bietet faszinierende An- und Ausblicke. Über 500 m lang und 80 m hoch ist die-ser „Liegende Eiffelturm".

Bemerkenswerte Zeugen der Braunkohlenindustrie sind die 24 Biotürme der ehemaligen Großkokerei Lauchhammer, in denen bis 2002 phenolhaltige Industrieabwässer mit Hilfe von Bakterien gereinigt wurden. Die Anlage war einst die größte ihrer Art weltweit. Zwei der 22 m hohen Riesen dienen heute als Aussichtstürme.

rode bei Hoyerswerda. Den Tagebau, der einst das Rohmaterial lieferte, füllte schon seit 1953 der Knappensee. Das Fabrikgelände indes wurde erst im Jahr 1993 stillgelegt und danach zum Lausitzer Bergbaumuseum. Seine Erlebnisbereiche über und unter Tage illustrieren mit eindrucksvollen Maschinen und überraschenden Ausblicken den Produktionsprozess und die Entstehung der Kohle, die in einem Tertiärwald mit uralten Baum- und anderen Pflanzenarten beginnt.

Ein weiteres Beispiel jüngerer Industriegeschichte im Zeichen der Braunkohle markieren die über 100 m hohen Schornsteine des Kraftwerks Plessa. Es entstand unmittelbar neben der Grube Agnes, in der ab 1924 die erste fahrbare Abraumförderbrücke der Welt im Einsatz war. In dem zwei Jahre später begonnenen Kraftwerk wurde bis 1992 Kohle verstromt. Wegen der architektonischen Anklänge an das damalige Neue Bauen und der teilweise exklusiven Ausstattung mit Terrakotta-Fliesen und Naturstein wird das Industriedenkmal bisweilen „Kathedrale der Arbeit" genannt. Dennoch war das stillgelegte Areal zunächst von Abriss bedroht. Mittlerweile aber ist Plessa ein attraktives Erlebniskraftwerk. Seinen Besuchern führt es die Energiegewinnung vergangener Zeiten in ungewohnten Perspektiven und anschaulichen Bildern vor Augen.

Zu Beginn des 20. Jh. entstanden mit dem Zuzug neuer Arbeitskräfte wie in ganz Deutschland auch in der Lausitz Gartenstädte wie Marga bei Senftenberg oder Lauta-Nord (Bild), die mit ein- oder zweigeschossigen Mehrfamilienhäusern mit Garten ebenso nötigen wie angenehmen Wohnraum boten.

Die Lausitzer Braunkohle war aber von Anfang an nicht nur als Brennmaterial und für die Stromerzeugung bedeutsam. Der Abraum über den Kohleschichten lieferte mit Glas- und Tonsanden auch die Rohstoffe für traditionelle Erwerbszweige wie Glashütten und Ziegeleien. Sie profitierten ihrerseits ebenso von der Energiewirtschaft wie die Textilfabriken, die aus der Tuchmacherei früherer Jahrhunderte vor allem in Cottbus, Forst, Guben und Spremberg hervorgingen.

Zugleich wurde die einst strukturschwache Lausitz als nunmehr energiestarke Region zunehmend für neue Industriezweige interessant. So entstanden ab 1917 in Lauta bei Hoyerswerda ein Großkraftwerk und eine Aluminiumfabrik. Die Industrialisierung der Niederlausitz ging einher mit dem Aufbau neuer Verkehrswege, von denen die meisten erst nach 1850 angelegt wurden. Manche von ihnen enden jedoch mittlerweile im Nichts einer Braunkohlelandschaft.

Kraftwerke und Retortenstädte im großen Stil

Mit dem wirtschaftlichen Aufschwung wuchsen auch die Städte. Neben zahlreichen Werkssiedlungen für die zugezogenen Menschen brachte der Bedarf an neuem Wohnraum in der Niederlausitz die erste deutsche Gartenstadt hervor. Sie wurde ab 1906 von der Ilse Bergbau-Actiengesellschaft (I.B.A.) in Brieske bei Senftenberg errichtet. Der Dresdner Architekt Gregor Heinsius von Mayenburg stützte sich für die Siedlung Marga auf Ideen des damaligen sozialreformerischen Bauens und der Gartenstadtbewegung. Der Name der einzigartigen kreisförmigen Anlage mit viel Grün erinnert bis heute an die jung verstorbene Tochter des Bergwerksdirektors.

Die 72 Häuser mit anfangs 500 Wohnungen zeigen Anklänge an die regionale Baukultur wie Fachwerk, Erker oder Fledermausgauben. Die Fassaden sind aus unterschiedlichen Materialien von Schiefer über Holz bis Putz. Zwischen den Gebäuden ist viel Platz für Gärten und öffentliche Räume. Mittelpunkt der Siedlung ist ein großer Marktplatz mit Bäckerei, Kaufhaus, Schule und dem Margahof sowie dem repräsentativen Gasthaus

Die traditionellen Bergbau-Symbole Schlägel und Eisen sind im Lausitzer Revier allgegenwärtig, wie hier am Kraftwerk Plessa.

Der Marktplatz ist der historische Siedlungskern von Senftenberg – und der größte Platz der Stadt. Das älteste Haus stammt aus dem Jahr 1675. Im Jahr 1902 entstand ein für Literaturfreunde interessantes Haus, in dem von 1949 – 1951 der Schriftsteller Erwin Strittmatter als Redakteur einer Zeitung arbeitete. Im Erdgeschoss befindet sich eine traditionsreiche Apotheke.

Kaiserkrone und einer Kirche. 1914 zogen die ersten Mieter in die Gartenstadt. Nach Jahrzehnten des Verfalls in der DDR als Brieske-Ost präsentiert sich das sanierte Kleinod seit dem Jahr 2000 als wahres Schmuckstück – und wieder unter dem historischen Namen.

Mit dem forcierten Ausbau der Lausitzer Braunkohlewirtschaft in der DDR stellte sich die Wohnungsfrage im damaligen Energiebezirk Cottbus in völlig neuen Dimensionen. Um 1950 wurde Lauchhammer mit einer Großkokerei in den Ausmaßen einer Kleinstadt zum zweiten Braunkohle-Schwerpunkt neben Senftenberg. Die zwischen 1954 und 1984 entstandenen Kraftwerke Trattendorf, Lübbenau, Schwarze Pumpe, Vetschau und Boxberg hatten eine Gesamtleistung von 10 000 Megawatt. Schwarze Pumpe verdankt seinen Namen dem Gasthaus, in dem 1955 der Baustab für das Kraftwerk saß. Nach seiner Fertigstellung war das Kombinat mit 18 000 Beschäftigten der größte Braunkohleveredlungsbetrieb Europas mit jeweils drei Brikettfabriken und Kraftwerken sowie einem Werk für Stadtgas. Zudem lieferte der Betrieb Fernwärme unter anderem in eine Großgärtnerei und nach Hoyerswerda, wo ab 1957 eine Stadt für mehr als 70 000 Einwohner entstand.

Ein seltsamer Name für ein Kraftwerk: Schwarze Pumpe. Ein Gasthaus war der Namenspate.

Vom Wachsen und Scheitern dieser Retortenstadt hat die Schriftstellerin Brigitte Reimann (1933–1973) mit ihrem Roman *Franziska Linkerhand* ein ernüchterndes Zeugnis hinterlassen. Das Buch erzählt von einer jungen Architektin, die sich permanent zwischen ihren Ansprüchen an eine moderne und lebenswerte Neustadt und den wiederholten politischen Eingriffen in das Großprojekt aufreibt. Reimann selbst nannte *Franziska Linkerhand* ihr „erstes und einziges anständiges Buch". Die Autorin lebte ab 1960 für mehrere Jahre selbst in einer Neubauwohnung in Hoyerswerda: Den damaligen Forderungen nach einer DDR-Literatur über den Arbeitsalltag der Menschen stellte sie sich aus nächster Nähe. Dabei erwies sie sich mit ihrer Sicht auf private und gesellschaftliche Konflikte als eine genaue und unbequeme Chronistin. Doch gerade diese Haltung sollte ihr zum Verhängnis werden.

Als Brigitte Reimann 1973 starb, war sie keine 40 Jahre alt und *Franziska Linkerhand* noch immer nicht erschienen. Die erste Ausgabe kam im Jahr nach ihrem Tod auf den Markt – und das zensiert.

Die Neustadt von Hoyerswerda ist nur eines von mehreren Beispielen für riesige Plattenbausiedlungen allein in der Lausitz. Im Südwesten von Cottbus wurden zwischen 1976 und 1986 in Sachsendorf-Madlow fast 12 000 Wohnungen in Plattengebäuden für 30 000 Berg- und Energiearbeiter gebaut. Auch die Spreewald-Metropole Lübbenau erhielt mit dem Kraftwerk, nach dessen Stilllegung die letzten Gebäude 2010 gesprengt wurden, eine Neustadt mit etwa 7000 Wohnungen. Unter heutigen Bedingungen treffen wirtschaftlicher und demografischer Wandel diese Großsiedlungen in besonderer Weise.

Doch auch Natur und Umwelt offenbaren nach dem Ende der rücksichtslosen sozialistischen Energiewirtschaft tiefe Wunden. Von den 300 Mio. Tonnen Braunkohle pro Jahr, mit denen es die kleine DDR zeitweise zum weltgrößten Braunkohlelieferanten schaffte, kamen 200 Mio. Tonnen aus der Lausitz. Um sie zu fördern, wurde jährlich eine Milliarde Tonnen Abraum aus Sand, Erde und Steinen beseitigt. Insgesamt fielen dem Lausitzer Bergbau bis 1990 mehr als 800 km² zum Opfer – eine Fläche, die etwa so groß ist wie Berlin. Rund 25 000 Menschen verloren die Heimat, da ihre Dörfer, Siedlungen oder Ortsteile den Baggern weichen mussten. Weil in der DDR nach der Kohleförderung nur wenige Flächen rekultiviert wurden, blieben zudem 300 km² Mondlandschaft zurück.

Das Ende der DDR brachte für 17 Lausitzer Tagebaue das Aus. Gleichzeitig begannen millionenschwere Projekte zur Rekultivierung der geschundenen Landschaft. Braunkohle wird in der Niederlausitz nur noch in den Gruben Welzow-Süd, Cottbus-Nord und Jänschwalde sowie in der Oberlausitz in Nochten und in Reichwalde gefördert. Doch das Verschwinden weiterer Orte konnte der Bürgerprotest auch nach 1990 nicht verhindern. Horno und Lakoma waren die wohl bekanntesten Beispiele. Während die Bewohner von Horno in der Nähe von Forst eine neue Heimat fanden, sollen als Ausgleich für die abgebaggerten Lakomaer Teiche mit der renaturierten Spree-Aue bei Cottbus ähnliche Lebensverhältnisse für mehr als 50 Tier- und Pflanzenarten wie zuvor in Lakoma entstehen. Wo einst über Jahrzehnte Braunkohlebagger das Bild bestimmten, wächst gegenwärtig zwischen Dresden und Berlin eine spektakuläre Seenplatte. Wenn die letzten Seen

Verschwundene Orte im Braunkohlerevier

Dem Braunkohlebergbau in der Lausitz sind bisher 136 Orte ganz oder teilweise zum Opfer gefallen. Betroffen davon waren mindestens 25 000 Menschen, die ihr Zuhause verlassen und sich andernorts neue Existenzen aufbauen mussten. Mit den abgebaggerten Siedlungen ging zumeist auch ein Stück sorbischer Geschichte und Kultur verloren. Als erster Ort verschwand Neu-Laubusch, der 1924 der Grube Erika bei Senftenberg weichen musste. Der größte Ortsteilabriss traf zwischen 1979 und 1989 Großräschen-Süd am Tagebau Meuro mit 4000 Menschen. Die Erinnerung an den Verlust von Heimat und Landschaft bewahrt neben zahlreichen Gedenksteinen vor allem das Archiv verschwundener Orte in Horno bei Forst. Die Folgen des Bergbaus für die Region verdeutlichen Fotos, Dokumente, Sachzeugnisse und eine begehbare Landkarte. Das Foto zeigt die Kirche in Neu-Horno, deren Turmhaube von der alten, abgerissenen Kirche stammt.

Der Ausichtsturm „Rostiger Nagel"
(oben) ist seit seiner Einweihung
2008 das Symbol des Lausitzer
Seenlandes, zu dem auch der Geierswalder See mit seinen sandigen
Ufern (rechts oben) gehört.

geflutet sind, ist das Lausitzer Seenland die größte jemals
von Menschenhand geschaffene Wasserlandschaft in
Europa. An einigen Orten sind ihre Konturen bereits
deutlich zu erkennen.

Einen Blickfang bildet der Aussichtsturm „Landmarke Lausitzer Seenland" am Geierwalder See, der nach
162 Stufen und 30 m über dem Erdboden einen einzigartigen Rundblick erlaubt. Die immer noch im Wachsen
begriffenen Wasserflächen ringsum scheinen zum Greifen nah. Am Horizont illustrieren ein großer Windpark
und weiße Wolken über Kraftwerkskühltürmen unterschiedliche Formen der Energieproduktion. Auf der Brüstung der Plattform
verweisen Inschriften auf den Sedlitzer, den Geierswalder und den Partwitzer
See. Zudem geben sie in der unbesiedelt erscheinenden Landschaft etwas
Orientierungshilfe: Nach Bad Muskau sind es 44 km Luftlinie in Richtung
Osten, Dresden liegt 57 km südlich.

Eine Wasserwelt mit kühnen Visionen

Die Landmarke Lausitzer Seenland steht seit 2008 mitten im Kerngebiet der
neuen Wasserwelt zwischen Senftenberg und Hoyerswerda. Wegen ihrer
rostfarbenen Stahlkonstruktion heißt die begehbare Skulptur längst nur
noch Rostiger Nagel. Das Material erinnert bewusst an die Bergbaugeräte,
die einst die Region prägten. Zugleich soll die Landmarke den Wandel der
Braunkohleregion zu einer attraktiven Freizeitlandschaft symbolisieren.

Allein der stählerne Turm ist von zehn Seen umgeben. Ihre Namen halten – wie andernorts auch – die Erinnerung an verschwundene Dörfer lebendig und sind durch mehrere Kanäle miteinander verbunden. Komplett ist das knapp 14 000 ha große Lausitzer Seenland mit 13 weiteren gefluteten Tagebaukratern in der Umgebung. An einigen Orten ist die künftige Freizeitlandschaft schon lange keine Zukunftsmusik mehr. Etwa am Senftenberger See, den Badelustige, Campingfreunde und Wassersportler besonders aus der Gegend um Dresden schon seit 40 Jahren als Freizeitrevier nutzen. Jüngste Attraktion des Uferareals mit Bowlingbahn, Marina und Amphitheater ist der neue Stadthafen von Senftenberg. Von dort aus können neben Segel- und Motorbooten auch kleinere Fahrgastschiffe die Seenkette erkunden.

Durch den Koschener Kanal geht es in den Geierswalder See, wo schwimmende Häuser in der Form überdimensionaler Segel zum Blickfang und Markenzeichen des Seenlands wurden. Insgesamt sind für den Ferienhafen Scado 20 Designhäuser auf dem Wasser und neun ähnliche Gebäude am Ufer geplant. Verbunden sind sie durch Brücken und Stege, und jedes *floating home* hat einen eigenen Liegeplatz für Boote.

Neben dieser durchaus spektakulären Anlage gibt es Architektur auf dem Wasser auch in der Nachbarschaft. Auf dem Partwitzer See bietet ein Reiterhof ein weiteres schwimmendes Ferienquartier, auf dem Gräbendorfer See etablierte sich eine Tauchschule, und für den Bergheider See an der begehbaren Abraumförderbrücke F60 bei Finsterwalde liegen ambitionierte Projekte in der Schublade.

Auf dem größten neuen Lausitzer See bei Sedlitz führt ein schwimmender Steg über den einstigen Tagebau, dessen Flutung bis 2015 abgeschlossen

Wie an Deck eines Schiffes können sich Besucher auf den Sonnenterrassen der festverankerten schwimmenden Häuser am Geierswalder See fühlen. Die Segelboote am Anleger sorgen für die notwendige Beweglichkeit auf dem Wasser.

sein soll. Spätestens dann können auf der mit 1000 m Länge wohl größten Attraktion des Seenlandes Wanderer und Radfahrer trockenen Fußes von der Sedlitzer Halbinsel zum Rostigen Nagel gelangen.

Maßgeblich gefördert wurde die schwimmende Architektur, die Touristikfachleute gern als Alleinstellungsmerkmal des Lausitzer Seenlandes bezeichnen, von der Internationalen Bauausstellung (IBA) Fürst-Pückler-Land. Dabei war es vom ersten Impuls bis zum ersten Schwimmenden Haus ein langer Weg. Denn schon das Genehmigungsverfahren stellte grundsätzliche Fragen: Galt für solche Vorhaben des übliche Baurecht – oder aber das Wasserrecht? Behörden, Investoren, Baufirmen und nicht zuletzt die IBA fanden schließlich eine gemeinsame Lösung, damit die in Deutschland beispiellosen Projekte auf den Weg gebracht werden konnten.

Auf dem Sedlitzer See sind schon jetzt Fahrten mit dem Floß möglich, und das Nordufer ist sogar als einer der wenigen Landeplätze in Deutschland für Wasserflugzeuge freigegeben. Von dort aus kann bei Rundflügen die sich ständig verändernde Landschaft aus der Luft erkundet werden. Darüber hinaus haben die Betreiber die Vision, dass dereinst Wasserpiloten aus Nordeuropa auf dem Flug in den Süden ihren Tankstopp bei Sedlitz mit einem Kurzurlaub im Lausitzer Seenland verbinden.

Die Wasserwelt ist aber nicht nur für sportliche Abenteuer von Segeln über Surfen und Paddeln bis zum Tauchen ein ideales Ziel. Entlang der Ufer und auf der Spree bietet sie zahlreiche Möglichkeiten für naturnahe Erholung im Ruderboot oder Kanu. Wasserflächen wie am Neuwieser, dem Bergener und dem Erika-See sollen auf lange Sicht dem Naturschutz sowie einem sanften Tourismus vorbehalten bleiben. Zudem kommen die Radler voll auf ihre Kosten. Das ausgedehnte Radwegenetz folgt zumeist den alten Wirtschaftswegen durch frühere Bergbauflächen. Etwas abseits der Seenlandschaft lässt sich so mancher spektakuläre Aussichtspunkt entdecken. Am Gut

An eine Mondlandschaft erinnert der riesige aktive Tagebau Welzow-Süd. Von mehreren Aussichtspunkten bekommt man einen Überblick über die aufgebrochene Landschaft.

Geisendorf etwa bietet sich ein atemberaubendes Panorama über den aktiven Tagebaus Welzow-Süd, der seit 1963 das Kraftwerk Schwarze Pumpe mit Kohle versorgt. Das Gutshaus aus dem 17. Jh. ist das einzige erhaltene Gebäude des Ortes, der 2001 von der Landkarte verschwand. In dem Gebäude fcierten die Geisendorfer Sorben einst ihre traditionellen Feste. Seit 1996 lädt im sanierten Gut das Kulturforum der Lausitzer Braunkohle regelmäßig zum Musiksalon sowie zu Literaturforen, Ausstellungen und Sommerfesten ein. Für die Besucher erweist sich dabei die Schnittkante des Tagebaus unmittelbar am Landgut immer wieder als einzigartige Aussichtsplattform.

Von der Aussichtsplattform des „Rostigen Nagels" aus sind die Konturen der entstehenden Seenlandschaft deutlich zu erkennen. Auch Windkraftanlagen gehören zum heutigen Bild des ehemaligen Braunkohlereviers.

Ein Dorf wird wiederbelebt

Einer der Radwege durch das Lausitzer Seenland führt nördlich von Großräschen zu Resten der Ortschaft Pritzen, die eigentlich der Braunkohle weichen sollte. Die Umsiedlung begann 1987 mit der Umbettung des Friedhofs. Zugleich wurde die historische Feldsteinkirche Stein für Stein abgetragen. Sie erhielt später im Plattenbaugebiet für die umgesiedelten Pritzener in Spremberg ihren neuen Standort. Doch 30 Einwohner widersetzten sich dem schrittweisen Abriss. Sie sollten letztlich dafür belohnt werden: 1992 fiel die Entscheidung, Pritzen von den Baggern zu verschonen. Seither liegt der Ort auf einer Halbinsel im wachsenden Altdöberner See. Einige Dorfbewohner sind mittlerweile in das einst tot geglaubte Dorf zurückgekehrt. Dort ragt anstelle der umgesetzten Kirche nunmehr der Glockenturm der Dorfkirche von Wolkenberg auf, das für den Tagebau Welzow-Süd geschleift wurde.

Doch trotz der vielen eindrucksvollen Zeichen des Wandels bleibt das Lausitzer Braunkohlerevier auf absehbare Zeit eine verwundete Landschaft. Neue Herausforderungen nicht zuletzt durch die Energiewende verlangen von der Erschließung genehmigter Abbauflächen bis zur Landschaft nach dem Bergbau transparente Abläufe, in die die betroffenen Menschen der Region von Anfang an mit einbezogen werden.

Der Spreewald – ein Labyrinth aus Wasserwegen

Zur Lausitz gehört im Norden mit dem Spreewald eine Natur- und Kulturlandschaft, die mit ihrer vielfältigen Flora und Fauna zwischen weit verzweigten Wasserwegen in Europa einzigartig ist.

Wenn der Fährmann abstößt vom Ufer, führt er die Menschen mit seinem Kahn langsam hinein in eine andere Welt. Mit jedem Meter, den er den Nachen lautlos und scheinbar behäbig über das Wasser gleiten lässt, verschwindet der umtriebige Alltag an Land, um sich schließlich ganz zu verlieren. Vom Kahn aus eröffnen sich den Besuchern immer neue Ausblicke auf einen Lebensraum, der die hektische Betriebsamkeit der modernen Gesellschaft nicht zu kennen scheint. Nur eine Autostunde vom großstädtischen Treiben Berlins entfernt, sind die Uhren zwar nicht stehengeblieben, aber sie gehen deutlich anders.

Dunkle Blockhäuser mit Reetdach erinnern an die alte Bauweise der slawischen Urbevölkerung, die das Land zwischen den Fließen – so heißen die zahllosen Wasserarme des Spreewalds – einst nutzbar machten. Die Ziegelhäuser auf anderen Grundstücken sind zweifellos jüngeren Datums. Gelegentlich führen hohe Holzstege mit beidseitigen Stufen über das Wasser, die sogenannten Banken. Abseits der Streusiedlungen wechseln ausgedehnte Wiesen mit hohen Bäumen. Ihre Kronen legen sich weit oben über die Was-

Seit über einem Jahrhundert erfreuen sich Kahntouren auf der Spree teils mit, teils ohne Verpflegung großer Beliebtheit. Als Erstes muss der Kahn mit dem Rudel aus Eschenholz kräftig vom Ufer abgestoßen werden.

serarme wie ein grünes Dach, durch dessen filigranes Geäst nicht nur an warmen Sommertagen die Sonne funkelt.

Gemächlich stakt der Fährmann mit seinem Rudel, der 4 m langen Eschenstange zum Manövrieren, den Kahn durch die Dörfer und zeigt auf die gekreuzten Balken an den Hausgiebeln. Er hat dazu auch gleich die passende Geschichte parat. Sie geht zurück auf die alte sorbische Mär vom Schlangenkönig, der seit grauen Vorzeiten ein Symbol des Guten ist. Eine gekrönte Schlange soll eines Tages einem kleinen Kind ihre Krone geschenkt und damit seiner Familie zu Reichtum und Glück verholfen haben. Deshalb haben die Häuser im Spreewald bis heute jeweils eine männliche und eine weibliche Schlange zum Schutzgott.

Sagenhaft ging es auch bei der Entstehung des Spreewalds zu. Nach slawischer Überlieferung hatte dabei der Teufel seine Hand im Spiel. Als er mit seinem Ochsengespann das Flussbett der Spree furchte, gingen ihm plötzlich die Tiere durch, rannten kreuz und quer durch die Gegend und hinterließen in der Landschaft unzählige Gräben. Daraus sollen schließlich die 300 Nebenarme geworden sein, in denen sich die Spree heute auf einer Länge von über 1500 km durch die weite Niederung zieht. Die Wirklichkeit indes ist alles andere als ein Missgeschick des Teufels, sondern pro-

Wie an diesem Haus in Lehde sind am Dach vieler Spreewaldgebäude stilisierte Schlangenköpfe zu sehen, die Schutzgötter symbolisieren.

Schlangen spielen in der Mythen- und Symbolwelt der Spreewaldbewohner eine wichtige Rolle.

saischer Natur. Der Spreewald entstand vor rund 20 000 Jahren, als sich am Ausgang der letzten Eiszeit die Spree auf ihrem Weg von der Oberlausitz zur Havel im Baruther Urstromtal über eine riesige Fläche aus Schwemmsand ergoss. Der dabei entstandene See reichte etwa von der heutigen Stadt Cottbus bis nach Lübben mit dem nordwestlich angrenzenden Unterspreewald. Östliche Reste dieser vorzeitlichen Landschaft sind die Teiche bei Peitz.

Die Wiesen zwischen den Spreewald-Fließen sind ein beliebter Treffpunkt für Störche, denn hier ist der Tisch für sie überreich gedeckt.

Mit einer Fläche von 1000 ha bilden sie das größte zusammenhängende Teichgebiet in ganz Deutschland. Fische werden dort seit dem 16. Jh. gezüchtet, und mit den hochwertigen Peitzer Karpfen brachten es die Fischer des kleinen Dorfes 1867 immerhin zu preußischen Hoflieferanten. In der DDR indes sorgte Peitz neben der Karpfenzucht für Aufsehen auf einem ganz anderen Gebiet: Unter dem inoffiziellen Motto „Woodstock am Karpfenteich" trafen sich fernab des staatlichen Kulturbetriebs regelmäßig Jazz-Fans aus der gesamten Republik zu unabhängigen Festivals mit namhaften Musikern der damaligen Szene.

Die moderne Geschichte des Spreewaldes ist immer auch eine Geschichte seines Verschwindens. Dieses „Unikum vielleicht der ganzen Welt" sei „nur noch der Schatten einer längst verschwundenen Herrlichkeit", klagte schon 1887 der reisende Autor August Trinius: Axt und Säge hätten in den vorangegangenen Jahrhunderten „Luft und Licht mehr als gut geschaffen, denn niemandem fiel es früher ein, dass dieser Wald, der unausrottbar erschien, einmal ein Ende nehmen könne".

Große Waldflächen fielen auch im Spreewald schon beim Landausbau im 12. und 13. Jh., als mit der Eingliederung der unabhängigen sorbischen Stämme in das entstehende Deutsche Reich alte Slawendörfer erweitert und neue angelegt wurden. Dafür stand Holz lange Zeit nahezu unbegrenzt zur Verfügung. Eine gräfliche „Holzordnung" von 1591 konnte den Raubbau ebenso wenig verhindern wie 1713 ein Appell des sächsischen Oberberghauptmanns Hans Carl von Carlowitz, dem „großen Holzmangel" durch „nachhaltiges" Wirtschaften zu begegnen.

Dem Untergang entgangen

Bis weit ins 20. Jh. hinein wurde der Spreewald fleißig abgeholzt: Die Industrialisierung forderte ebenso ihren Tribut wie später die großflächige Landwirtschaft in der DDR. Allein zwischen 1860 und 1885 verringerte sich die Waldfläche von 5200 auf rund 3000 ha. Nach weiteren Rodungen sank sie bis 1945 weiter auf 2100 ha. Noch in den letzten Jahren der DDR kam es zu großflächigen Kahlschlägen – diesmal mit Seilkränen und Hubschraubern. Erst mit dem 1990 ausgewiesenen Biosphärenreservat bekamen die Waldbestände besonderen Schutz. Seither sind sie in der Kernzone des Reservats sich selbst überlassen. Doch die gegenwärtig rund 3500 ha Wald bedecken nur noch einen geringen Teil der weitläufigen Niederungslandschaft – Laubmischwälder etwa die Hälfte des Unterspreewalds und Erlenhochwälder rund 15 % des Oberspreewalds. Gleichwohl komme der heutige Lübbenauer Spreewald dem ursprünglichen Erscheinungsbild sehr nah, sagen Fachleute.

Erlen haben vor allem dort ihren Platz, wo es am feuchtesten ist. Sie vertragen die Staunässe am besten und sind zugleich Lebensraum für seltene Vogelarten wie Kranich oder Waldwasserläufer. In den weiter verbreiteten Eschenwäldern mit den charakteristischen Sträuchern der Traubenkirsche entfaltet sich im Frühling ein üppiger Blütenteppich mit Anemonen, Scharbockskraut und Milzkraut.

Zusammen mit den Stileichen-Hainbuchenwäldern, den Kiefern- und Buchenwäldern sowie den offenen Wiesenlandschaften ist der Spreewald ein Refugium für 6000 zum Teil gefährdete Tier- und Pflanzenarten. Zu seinen Bewohnern gehören der charakteristische Weiß- und der seltene Schwarzstorch, Seeadler und Fischotter ebenso wie 36 Arten von Fischen und 28 Libellenarten, von denen aufmerksame Besucher beim Gleiten über die Fließe mühelos einzelne Exemplare aus nächster Nähe erkennen können. Dies gilt nicht zuletzt auch für die unzähligen Stechmücken. Sie fühlen sich besonders im Sommer von der hohen Luftfeuchtigkeit magisch angezogen, sodass sie bei einer Fahrt durch unberührte Natur durchaus zu lästigen Plagegeistern werden können. Doch ernsthaft abschrecken lassen sich die Touristen davon nicht. Sie kommen alle Jahre wieder – in Scharen und längst nicht mehr nur zur Sommerszeit.

Manch einer bevorzugt den Herbst mit seiner leisen Melancholie, die Dunst und Nebel über die Landschaft legt. Für andere sind im Winter die zugefrorenen Fließe von besonderem Reiz. Wieder andere Besucher lieben

Eine langsame, ruhige Kahnfahrt auf den verzweigten Fließen des Spreewalds ist dank des schützenden Laubdachs selbst bei sommerlicher Hitze ein Vergnügen.

Seit 1990 ist der Spreewald Biosphärenreservat und damit in seinem Bestand gesichert.

Blühende Kürbispflanzen markieren vielerorts im Spreewald den Beginn der alljährlichen Gemüsesaison. Der Kürbis ist fast so weit verbreitet wie die Gurke.

den Frühling, wenn die Natur aus der Winterstarre erwacht und zwischen dem frischen Grün die ersten Blumen mit ihren Farbtupfern die warme Jahreszeit ankündigen.

Bis zu seiner touristischen Eroberung im 19. Jh. war der Spreewald – wenn überhaupt – ein beinahe exotisches Ziel für Einzelreisende. Einer von ihnen war der schon erwähnte Schweizer Astronom und Geograf Johann Bernoulli (1744–1807), der bereits als 20-Jähriger Mitglied der Königlich-Preußischen Akademie der Wissenschaften wurde und ab 1767 Direktor des Observatoriums in Berlin war. Im Bericht über seine *Lustreise nach der Niederlausitz* im Sommer 1779 zeichnete er vom Alltag im Spreewald ein treffliches Bild: „Wegen dieser vielen Arme der Spree kann man von einem Orte zum andern, im Walde, nicht anders als zu Wasser kommen, und es sind wohl gegen 3000 Kähne, wenn man die zu Lübbenau dazu rechnet, welche die Bauern, ihre Weiber, und kleine Kinder sogar, mit einer Geschwindigkeit, die mich oft in Verwunderung gesetzt hat, zu regieren wissen."

Als zehn Jahre nach Bernoulli der andernorts bereits genannte Pfarrer Christian Gottlieb Schmidt seine wenig schmeichelhaften *Briefe über die Niederlausitz* schrieb, fand er wenigstens für den Spreewald anerkennende Worte: „Ich konnte mich nicht satt sehen an dem herrlichen Bilde, das vor mir lag", schwärmte er von den Spree-Kanälen. Lübbenau verglich er mit Venedig, und überhaupt sei es „in der Tat eine höchst interessante Spazierfahrt, wenn man zwischen lauter Wiesen, unzähligen Schobern Heu abwechselnd mit Gebüsch und kleinen niedlich bestellten Ackerstücken dahin schwimmt und von einem Zusammenfluss von Singvögeln – freilich auch oft von Mücken – begleitet wird".

Wenn die „Gondeln" Gurken tragen, ist der nächste Gurkenmarkt im Spreewald nicht mehr weit entfernt, wobei die Gurkenkähne und die traditionelle blaue Kleidung der Frauen inzwischen zur Folklore gehören.

Die Anfänge des Fremdenverkehrs ein halbes Jahrhundert später sind untrennbar mit den Reiseberichten von Theodor Fontane (1819–1898) über seinen Spreewald-Besuch im August 1859 verbunden. Zudem erschien 1866 rechtzeitig zum Anschluss der Region an die Bahnstrecke Berlin–Görlitz ein erster Reiseführer, und 1882 organisierte der Lübbenauer Lehrer Paul Fahlisch von Berlin aus erstmals Gesellschaftsfahrten in den Spreewald.

Fontanes Bericht nahm die damaligen Reisenden in Lübbenau unmittelbar mit hinein in den einzigartigen Mikrokosmos der verschlungenen Wasserwege. „Gleich die erste halbe Meile" sei „ein landschaftliches Kabinettstück", das die Besonderheit des Spreewaldes am deutlichsten zeige: „Dieser Netz- und Inselcharakter ist freilich überall vorhanden, aber er verbirgt sich vielfach, und nur derjenige, der in einem Luftballon über das vieldurchschnittene Terrain hinwegflöge, würde die zu Maschen geschlungenen Flussfäden allerorten in ähnlicher Deutlichkeit wie zwischen Lübbenau und Lehde zu seinen Füßen sehen."

Nicht nur durch grüne Natur, auch durch verstreute Siedlungen ziehen die Fließe, wie hier bei Lehde. Dann grenzen gepflegte Gärten ans Wasser und auch das eine oder andere Lokal.

Exportschlager Spreewaldgurke

Die Fließe waren für die Spreewälder lange Zeit nicht nur reiche Fischgründe, sondern auch als Verbindungen zwischen den Grundstücken die einzigen Transportwege für landwirtschaftliche Erzeugnisse. Dass unter diesen Produkten auf den flachen Holzkähnen „die Gurken obenan" stehen, wusste nicht erst Fontane: Schon Bernoulli berichtete von „vorzüglich viel Gurken" aus der Region. Obwohl „unglaublich viel davon" direkt im Spreewald verzehrt würden, seien darüber hinaus „für einige tausend Reichsthaler eingemachte Gurken" nach Berlin geliefert worden. Zu dieser Zeit hatten

Die Postfrau auf dem Spreewaldkahn

Der Arbeitstag von Andrea Bunar beginnt wie der von zahllosen anderen Postboten im ganzen Land. Ihre erste Station am frühen Morgen ist Calau, wo die Zustellerin die vorsortierte Post für ihre Touren im Spreewald abholt. Dann verteilt sie zunächst die Postsendungen im 15 km entfernten Lübbenau. Anschließend belädt sie gegen Mittag im Bootshaus ihren Postkahn und macht sich über die Fließe auf den Weg zu den Empfängern in Lehde, deren Briefkästen an der Wasserseite der Grundstücke nicht zu übersehen sind.

Gewandt steuert Andrea Bunar das 9 m lange Gefährt zu den 65 Haushalten des Spreewalddorfes. „Die Tage sind nicht immer gleich und manchmal auch anstrengend, besonders bei Wind und Regen", sagt sie. Doch dafür werde sie durch die Abwechslung und den Kontakt mit den Menschen entschädigt. Denn sie teilt Woche für Woche nicht nur mehr als 600 Briefe und Karten sowie bis zu 30 Pakete aus. Sie nimmt auch entgegen, was per Post vom Spreewald aus auf die Reise gehen soll. Schließlich ist der Postkahn auch eine mobile Filiale für Briefmarken und Bargeld.

Selbstredend ist die Postfrau auf dem Spreewaldkahn seit jeher ein beliebtes Fotomotiv. Ihre Saison beginnt im April und endet im Oktober. Andrea Bunar konnte 2012 mit ihrem 25-jährigen Dienstjubiläum bei der Post zugleich die erste komplette Saison als Zustellerin auf dem Wasser feiern. In dieser Zeit legte sie zwischen Lübbenau und Lehde immerhin rund 1100 km zurück – bei jedem Wetter und einzig mit Muskelkraft.

Im Winter zu Fuß ...

Die Tücken des Geschäfts lernte sie zuvor schon kennen. Seit 2006 vertrat sie auf dem Kahn wiederholt ihre Vorgängerin. Das Fazit von Andrea Bunar: „Auch wenn ich nur als Vertretung in der Urlaubszeit eingesetzt wurde, war die Arbeit auf dem Postkahn abwechslungsreich und hat mir gefallen." Doch auch während der Winterpause für die Spreewaldkähne kommt die Post zuverlässig: Die Zustellerin bringt sie dann zu Fuß über Brücken und zugefrorene Fließe oder aber über die einzige Zufahrtstraße mit dem Auto ins Spreewalddorf Lehde.

Andrea Bunar, Jahrgang 1970, lebt seit vielen Jahren mit ihrer Familie in Briesen bei Cottbus. „Daher fühle ich mich dem Spreewald sehr verbunden", sagt sie. Besonders angetan haben es ihr die überlieferten sorbischen Sitten und Bräuche. „Und dass mein Sohn in der Schule auch die sorbische Sprache

Idyllische Bilder begleiten die Postfrau auf ihrem wirklich ungewöhnlichen Weg.

Bei Wind und Wetter ist sie draußen. Aber die Post kommt an, mal im Briefkasten, mal direkt beim Empfänger.

lernt, freut mich besonders", ergänzt die Zustellerin.

Mit der Postfrau auf dem Kahn ist eine Tradition lebendig, die schon vor über 100 Jahren begann. Mit dem aufkommenden Spreewald-Tourismus am Ende des 19. Jh. nahm auch der Postverkehr zu, sodass sich der neue Service schnell durchsetzte. Vorher mussten die Bewohner den Posteingang jeweils selbst erfragen und sich auch um das Abholen kümmern.

... und per Kahn im Sommer

Der Postkahn aus Aluminium ist nicht mit einem Motor ausgestattet, da im Spreewald motorisierte Boote verboten sind. Der Post ist der Imagegewinn durch diese ungewöhnliche Art der Briefzustellung bewusst. Der Kahn ist daher auch unübersehbar Postgelb lackiert. Auf Briefmarken wurden Postkahnzusteller und -zustellerinnen ebenso verewigt. 1991 gab es eine Marke mit historischem Motiv, und 2005 zeigt eine Fotografie auf der Marke Jutta Pudenz, die Vorgängerin von Andrea Bunar. Eine Sondermarke von 1994 zeigt einen Postzusteller im Spreewald auf Schlittschuhen.

Mit bewundernswertem Geschick steuert Andrea Bunar ihren Kahn durch die schmalen Fließe.

„Gurken-Paule" in Lübben kennt sich mit den Feinheiten der in unterschiedlichen Gewürzsuden eingelegten Gurkenspezialitäten bestens aus. Seit gut 20 Jahren verkauft er seine Ware auf der Schlossinsel.

„Liebenauer Wurzel- und Gurken-Gärtner" auch auf dem Altmarkt von Dresden ihren festen Platz.

Die Gurken kamen schon mit den ersten slawischen Siedlern in den Spreewald – wenn auch zunächst bevorzugt als Futter für das Vieh. Dennoch vermuten Wissenschaftler, dass die Zuwanderer damals bereits die erforderlichen Kräuter mitbrachten, um die grüne Gemüsefrucht durch saures Einlegen auch für den eigenen Bedarf zu konservieren und schmackhaft zu machen. Für den massenweisen Handel mit den knackigen Delikatessen von salzig über süßsauer bis scharf sorgten im 16. Jh. Tuchmacher, die von den Grafen von der Schulenburg aus den Niederlanden angeworben worden waren, um in Lübbenau die Tuchherstellung einzuführen. Die Fabrikation wurde jedoch kein Erfolg, so verlegten die Holländer sich auf den Handel.

Sie machten damals nicht nur Gurken aus dem Spreewald bekannt, sondern auch anderes Gemüse, Sämereien und gelegentlich auch Tabak. Das Sortiment reichte von Schalotten, Knoblauch und Zwiebeln bis zu Rüben, Kürbissen, Sellerie, Kartoffeln und Meerrettich. All das wuchs auf den kleinen Feldern der Spreewaldbauern, die ihre Erzeugnisse alljährlich nach der Ernte mit Kiepen und Karren zum Kahn und dann auf dem Wasser nach Lübbenau brachten. Bald war die Stadt als „Tor zum Spreewald" der wichtigste Umschlagplatz. Sie wurde zwar erst 1315 zum ersten Mal urkundlich erwähnt. Doch am Schloss entdeckten Archäologen gut erhaltene Holzteile eines slawischen Burgwalls aus dem 9. und 10. Jh. Die heutige klassizistische Schlossanlage geht zurück auf die Contes de Linari aus der Toskana, die als Grafen zu Lynar ab 1621 die Standesherrschaft Lübbenau mit ihren bis zu 20 Dörfern maßgeblich prägten.

In DDR-Zeiten war das in der ersten Hälfte des 19. Jh. erbaute Schloss von Lübbenau nur knapp der Sprengung entgangen; nach der Wende fiel es wieder an seine ursprünglichen Besitzer, die Familie der Grafen zu Lynar, zurück, die das Anwesen in eine moderne Hotelanlage verwandelten.

Lehde – Fontanes „Venedig im Taschenformat"

Alle Wege führen nach Lehde – oder, besser gesagt: alle Fließe. Denn eine Straße in das Spreewalddorf gibt es erst seit 1929. Bis dahin war der kleine Ort ausschließlich über das Wasser zu erreichen. „Man kann nichts Lieblicheres sehen als dieses Lehde, das aus ebenso vielen Inseln besteht, als es Häuser hat", schwärmte der Schriftsteller Theodor Fontane. Die „Lagune im Taschenformat" war für ihn ein Spiegelbild des frühen Venedig, „wie es vor 1500 Jahren gewesen sein mag, als die ersten Fischerfamilien auf seinen Sumpf-Eilanden Schutz suchten".

Seit Fontanes Reise nach Lehde im Sommer 1895 hat sich in dem Spreewalddorf nicht viel geändert. Sicher, neben einer befestigten Dorfstraße kam vor knapp 100 Jahren auch elektrischer Strom in die Blockhäuser. Doch gleichzeitig ist in dem alten sorbischen Dorf mit dem Freilandmuseum ein Stück ursprünglicher Spreewald lebendig.

Lebendige Tradition

Besonders in der Hochsaison kommen Touristenkähne und Paddelboote nahezu unentwegt zur Anlegestelle für die drei ehemaligen Gehöfte. Ihre Ausstellungen informieren über Leben, Kultur und Arbeitsweise der Spreewaldbauern zur Zeit der Urgroßeltern.

Kunstvoll verzierte Ostereier und andere Volkskunst sind ebenso zu sehen wie eine komfortabel eingerichtete Wohnstube oder eine spartanische Knechtkammer. Historisches Gerät verweist auf die einst mühsame Verarbeitung von Meerrettich und anderem Gemüse.

Mit dem Gurken- und Bauernhausmuseum am Gasthaus *Quappenschänke* hat Lehde seit jüngster Zeit einen weiteren Anziehungspunkt. Er ist dem wohl berühmtesten Exportartikel aus dem Spreewald gewidmet. Alljährlich im Juli werden in dem Museum die Lehdsche Gurkenkönigin und das beste Gurkenrezept gewählt.

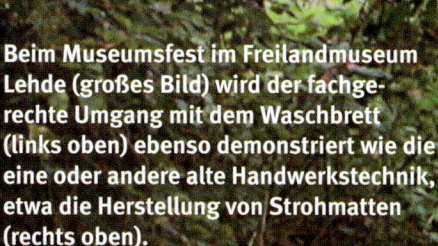

Beim Museumsfest im Freilandmuseum Lehde (großes Bild) wird der fachgerechte Umgang mit dem Waschbrett (links oben) ebenso demonstriert wie die eine oder andere alte Handwerkstechnik, etwa die Herstellung von Strohmatten (rechts oben).

Das beliebte Ausflugslokal *Zum fröhlichen Hecht* in Lehde lädt schon seit 300 Jahren zur Einkehr ein (oben rechts).

Zum Heimatfest in Burg alljährlich im August gehören nicht nur ein Traktoren-, sondern auch ein Trachtenumzug sowie zahlreiche künstlerische und kulinarische Angebote (oben).

Nach dem Dreißigjährigen Krieg sorgten sie für den Wiederaufbau der zerstörten Stadt. Später führte Rochus Friedrich zu Lynar (1708–1781) nicht nur das Schlittschuhlaufen im Spreewald ein, sondern kümmerte sich auch um die Regulierung der Wasserläufe und um die Waldnutzung. Der reiselustige Gelehrte Bernoulli erlebte den 71-Jährigen zwei Jahre vor seinem Tod als pensionierter Diplomat, der seine „philosophische Muße" nutzte, um „den mühseligen Staatsgeschäften gänzlich zu entsagen und auf den ererbten schönen Gütern davon auszuruhen". Der Graf übersetzte den römischen Philosophen Seneca, kommentierte Texte aus der Bibel und hinterließ zahlreiche „Staatsschriften".

Der letzte Standesherr in Lübbenau, Wilhelm Friedrich Rochus Graf zu Lynar (1899–1944), starb als Unterstützer der Hitler-Attentäter vom 20. Juli 1944. Er hatte auf seinem Schloss Treffen der Verschwörer ermöglicht. Nach dem gescheiterten Attentat wurde er am 29. September 1944 von den Nationalsozialisten in Berlin-Plötzensee hingerichtet, die Familie enteignet.

Der zweiten Enteignung mit der Bodenreform von 1945 folgten in der DDR für das Schloss Jahre der Fremdnutzung und des Verfalls. Seit 1992 gehören die Besitzungen im ältesten Teil der Stadt wieder der Familie, die dort ein Hotel betreibt. Das repräsentative Haus im Schlossbezirk gehört längst mit zu den touristischen Angeboten Lübbenaus.

Die Fährleute sind gut im Geschäft

Die Nachfrage nach Unterkünften im Spreewald ist groß, Anfang der 1990er-Jahre wurde bei den Übernachtungsgästen erstmals die Zahl von 2 Mio. Besuchern pro Saison überschritten. Bei Tagesausflüglern kommt die Region jährlich über 5 Mio. Gäste. Allein auf den Touristenkähnen der 300 Lübbenauer Fährleute sind in jedem Jahr bis zu einer Millionen Urlauber und

Touristen unterwegs. Hinzu kommen über 150 000 Paddler und Kanuten, die sich auf den 276 km der freigegebenen Wasserwege den Luxus ganz individueller Touren leisten.

Mittlerweile liegt Individualtourismus im Spreewald voll im Trend – wenn auch in der Hochsaison der Eindruck ein anderer ist. Dann nämlich scheinen auf den Fuß-, Rad- und Wasserwegen nahezu alle Wanderer, Radler, Paddler und Ausflügler buchstäblich zur gleichen Zeit unterwegs zu sein. Nach einem schier unergründlichen Gesetz bevölkern sie denn auch markante Punkte wie das legendäre Ausflugslokal *Wotschofska*, das Gasthaus *Zum fröhlichen Hecht* oder das Freilandmuseum Lehde beinahe gleichzeitig.

Orte der Ruhe

Etwas ruhiger geht es dagegen im Inseldorf Leipe oder im urwüchsigen Unterspreewald mit dem reizvollen Dorf Schlepzig zu. Von besonderer Bedeutung für die slawische Frühgeschichte des Spreewalds ist Burg, das größte Dorf Deutschlands mit einer Gemarkungsfläche von 35 km². Die ungewöhnlich große Ausdehnung ist das Ergebnis preußischer Siedlungspolitik im 18. Jh. Auf hochwasserfreien Sandinseln, den so genannten Kaupen, erhielten ausgediente Soldaten damals Gehöfte, aus denen mit der Zeit die Streusiedlung Burg-Kauper mit über 200 Anwesen wurde. Nach 1750 kam mit Burg-Kolonie ein weiterer Ortsteil für Kolonisten hinzu.

Der Schlossberg von Burg, auf dem einst eine der größten Slawenburgen stand, spielt in der sorbischen Sagenwelt bis heute eine mystische Rolle. Gelegentlich wird er mit dem legendären Gastmahl von Markgraf Gero in Verbindung gebracht, bei dem der ottonische Statthalter im 10. Jh. hinterhältig 30 slawische Fürsten getötet haben soll. Geros Doppelrolle zwischen einem gerühmten Eroberer der Lausitz und einem grausamen Unterdrücker der Sorben brachte Friedrich Schiller in seiner Dramentrilogie *Wallenstein* auf den Punkt: „Von der Parteien Gunst und Hass verwirrt schwankt sein Charakterbild in der Geschichte." Slawische Frühgeschichte ist auch im nahe gelegenen Storchendorf Dissen lebendig. Das dortige Heimatmuseum ist eine Fundgrube zu den Anfängen der sorbischen Besiedlung in der Region. Die Grubenhäuser der nachgebauten Siedlung Stary lud (Altes Volk) machen die ursprüngliche Lebensweise vor über 1000 Jahren in besonderer Weise anschaulich.

Schinkelkirche Straupitz: strenger Klassizismus

Für einen Ort mit knapp 1000 Einwohnern scheint die Kirche von Straupitz etwas groß geraten. Doch als Preußens Stararchitekt Friedrich Schinkel (1781–1841) den Neubau plante, war die Kirchgemeinde mit acht umliegenden Dörfern noch doppelt so groß. Eingeweiht wurde die dritte Straupitzer Kirche 1832, doch schon nach 50 Jahren gab es erste Probleme mit dem Fundament. Weitere und größere Schäden kamen in den letzten Kriegstagen im April 1945 hinzu. Sie wurden nach dem Krieg notdürftig repariert, endgültig aber erst Jahrzehnte später beseitigt. Zweijährige Sanierungsarbeiten wurden im Oktober 1993 abgeschlossen. Seither ist die imposante Doppelturmfassade wieder ein leuchtend helles und weithin sichtbares Wahrzeichen im nördlichen Spreewald. Im Innenraum nehmen Heiligenbilder im Stil der Nazarener dem Klassizismus Schinkels die nüchterne Strenge.

Land der Sorben – slawische Geschichte und Identität

Spreewald und Sorben gehören untrennbar zusammen. Doch das historische Siedlungsgebiet des kleinsten slawischen Volkes reicht entlang der Spree von der Niederlausitz bis weit in die Oberlausitz mit Bautzen als der heimlichen sorbischen Hauptstadt.

Am auffälligsten im Land der Sorben sind zunächst die zweisprachigen Beschriftungen. Sie begegnen dem Besucher am Straßenrand ebenso wie an Bahnhöfen und auf Bahnsteigen, an Betrieben und an Geschäften. Lübbenau heißt auf Sorbisch Lubnjow, die Spree Sprjewja und der Spreewald Błota. Selbst auf dem Lübbenauer Fließ führt die Kahnfahrt nach Lehde an einem gelben Ortsschild vorbei, das neben dem deutschen auch den sorbischen Namen des romantischen Spreewalddorfes trägt – Lědy. Cottbus gibt seine slawischen Wurzeln als Chóśebuz zu erkennen, und Bautzen nennen die Sorben seit alters Budyšin.

Diese Zweisprachigkeit kennzeichnet rund 1000 Jahre gemeinsamer Geschichte von Slawen und Deutschen. Sie begann im 10. Jh. mit der Eingliederung der bis dahin unabhängigen Stämme der Lusizi und Milzener in den deutschen Herrschaftsbereich. Auch wenn die Eroberung des slawischen Gebiets durch Markgraf Gero im Jahr 963 weniger grausam verlief und weniger Tote forderte als die damaligen Slawenkriege weiter nördlich und westlich, war sie eine gewaltsame. Unter den rund 60 000 Sorben im heutigen Ostsachsen und im südlichen Brandenburg ist für diese Zeit nach wie vor das Wort von der Unterwerfung lebendig. Der Geschichtsschreiber Thietmar von Merseburg (975–1018) bezeichnete in seiner Chronik das Land der Sorben als „öde Sumpfgegenden". Die Truppen seien mehrfach an einen Sumpf geraten, „über den ein langer Knüppeldamm führte". In den Slawenburgen entdeckte er immer wieder Götzenbilder und „ein kunstfertig errichtetes, hölzernes Heiligtum, das auf einem Fundament aus Hörnern verschiedenartiger Tiere steht".

Gegen das Heidentum der Slawen, die laut Thietmar den „zeitlichen Tod für das Ende aller Dinge ansehen", setzten die christlichen Eroberer „die Gewissheit der Auferstehung und zukünftiger Wiedervergeltung nach ihren Verdiensten". Die Kirche blieb denn auch stets eng verbunden mit der weltlichen Macht. Gemeinsam mach-

Zweisprachige Ortsschilder auf Deutsch und Sorbisch sind in der Spreewaldregion bis in die Oberlausitz hinein gang und gäbe.

Mit diesem altwendischen Bauerhof begann 1957 der Aufbau des Freilandmuseums im Spreewalddorf Lehde. Heute gibt es dort drei Bauernhöfe, die aus der gesamten Spreewaldregion stammen und originalgetreu rekonstruiert wurden.

ten sie sich das Land der Slawen und seine Menschen untertan, die lange Zeit auf der untersten Stufe der sozialen Hierarchie lebten. Andererseits gewährte die Abhängigkeit von geistlichen und weltlichen Herren den weitgehend rechtlosen sorbischen Bauern und Landarbeitern über Jahrhunderte das wirtschaftliche Auskommen ihrer Familien. „Die Bauern sind hier gewissermaßen leibeigen und müssen zur Frohne unbestimmte Hand- und Spanndienste verrichten", notierte noch 1799 der Schweizer Gelehrte Bernoulli auf seiner Reise durch die Niederlausitz. Außerdem hätten sie „in natura Korn, Hühner, Gänse, Eier, Butter und von jedem Gebräue gewisses Bier" zu liefern. „Diese wendischen Untertanen", schrieb der Durchreisende, „sind geschickte, arbeitsame, starke, robuste Leute, die sehr alt werden; ihr Charakter hat viel ähnliches mit der russischen Nation; der gemeine Mann will strenge gehalten sein, sonst tut er nicht gut. Das Frauenzimmer ist mehr schön als hässlich, und

Sorben und Deutsche: ein langer Weg gemeinsamer Geschichte zwischen Konflikt und Toleranz.

fruchtbar; die Mägden sind alle freundlich und machen von klein auf die niedlichsten Knickse; auch tanzet hier alles mit viel Annehmlichkeit und Anstand."

Bemerkenswert fand Bernoulli zudem die Sprache der Wenden, wie die Sorben von deutscher Seite genannt wurden, mit „viel Ähnlichkeit" zur „neueren russischen und polnischen Sprache": „In der ganzen Niederlausitz spricht der gemeine Mann alles wendisch; doch versteht er zur Not auch das deutsche dabei, auch wird in der Stadt Lübbenau, wo drei Prediger sind, wendisch und deutsch gepredigt." Allerdings trügt der Schein eines toleranten Nebeneinanders: Schon im 17. und 18. Jh. gab sich besonders die Niederlausitz betont antisorbisch, was vielerorts das gedeihliche Zusammenleben von Sorben und Deutschen erschwerte und auch verhinderte. Zur damaligen Ambivalenz zwischen Verbot und Toleranz gehört einerseits eine kirchliche Denkschrift von 1668 aus Lübben, in der nach Möglichkeiten gesucht wurde, „wie in hiesigem Markgraftum die gänzliche Abschaffung der wendischen Sprache am Ehesten könne befördert werden". Andererseits erhielt in dieser Zeit die Stadt Vetschau ihre berühmte Wendisch-Deutsche Doppelkirche. Der wendische Bau diente ursprünglich dem niedersorbischen Gottesdienst vor allem für die Einwohner von zehn umliegenden Dörfern. Die deutsche Gemeinde traf sich nebenan in ihrer separaten Kirche, die mit ihrer südlichen Außenmauer unmittelbar an die nördliche Mauer der Wendenkirche grenzt. Verbunden sind beide Kirchenschiffe durch eine gemeinsame Sakristei. Seit der Restaurierung 1995 ist die Wendische Kirche Teil eine Kulturkirche, während in der Deutschen Kirche weiterhin Gottesdienste und andere Gemeindeveranstaltungen stattfinden.

Das Miteinander war nicht immer einfach

Die Wendisch-Deutsche Doppelkirche in Vetschau will heute auch eine Mahnung für Toleranz und Miteinander zweier unterschiedlicher Sprachen und Kulturen sein.

Das Verhältnis beider Völkerschaften zueinander blieb in der Lausitz über die Jahrhunderte stets zwiespältig. Zu den positiven Momenten gehört zweifellos das deutsch-sorbische Gemeinschaftswerk beim Landausbau im 12. Jh. In zahlreichen neuen Siedlungen arbeiteten deutsche Zuwanderer und slawische Altsiedler Hand in Hand. Viele Belege dafür brachte erst die Braunkohlenarchäologie der vergangenen Jahrzehnte zutage. Im Wettlauf mit den Baggern legten Archäologen an mehreren Orten Schichten der Geschichte frei und untersuchten einzigartige Grabungsfunde. Ergebnisse dieser Kleinarbeit dokumentiert die rekonstruierte Slawenburg Raddusch vor den Toren von Lübbenau in einer spannenden Ausstellung. Selbst das moderne archäologische Museum in der fremd anmutenden Architektur einer slawischen Wallburg verdankt seine Existenz gezielten Grabungen, bevor die Reste der Anlage in den 1980er-Jahren dem Tagebau Seese-Ost weichen mussten. Anders als bei vier ähnlichen Burgen in der Nähe kamen in Raddusch vor den Baggern die Archäologen und sicherten wertvolle historische Zeugnisse, die das Wissen über die slawische Frühgeschichte der Lausitz erweiterten. Ein imposantes Beispiel dafür ist der „Götze von Raddusch", das Abbild einer von den Slawen verehrten Gottheit. Deutlich erkennbar an der flachen Holzfigur sind der Kopf sowie angedeuteter Schmuck am Hals und ein Loch im Brustbereich. Ähnliche Figuren aus Eichenbohlen sind von der Ostsee bis nach Schlesien und Böhmen bekannt. Doch die rituelle Bedeutung des

Relikte der Slawenburg Raddusch (links) wurden vor den Braunkohlebaggern bewahrt. Die Architektur der einstigen Wallburg stand Pate für das moderne Archäologiemuseum am historischen Ort (unten).

Götzenbilds liegt im Dunkeln. Zu den Zeugnissen früher Geschichte gehört in Raddusch auch eine Dokumentation zum Dorf Kausche, das 1995/96 im Tagebau Welzow-Süd unterging. Sie beschreibt anhand archäologischer Befunde exemplarisch das Entstehen der damaligen Siedlungen. Untersuchungen zum Alter der Bauhölzer von Brunnen ergaben, dass die deutschen Siedler beim Anlegen des Straßendorfs im 13. Jh. den älteren und ursprünglich slawischen Weiher mit einbezogen.

In Gliechow, das 1978/79 im Tagebau Schlabendorf-Süd verschwand, baute sich der deutsche Adel um 1340 unmittelbar neben der slawischen Siedlung eine Wasserburg. Deren einstige Fachwerkbauten gelten als sicheres Indiz dafür, dass die Zuwanderer aus Westfalen und vom Rhein, aus Thüringen, Sachsen und Franken nicht nur ihre Arbeitskraft in die Lausitz brachten. Sie nutzten ganz offensichtlich auch ihre Fähigkeiten und Fertigkeiten aus der alten Heimat – wie etwa die Fachwerkbauweise. Aus der Kombination mit der traditionellen Blockbauweise der Slawen sollten sich später vor allem in der Oberlausitz die charakteristischen Umgebindehäuser entwickeln.

Fachwerkbauten waren auch die ersten Kirchen und Kapellen, mit denen während der mittelalterlichen Kolonisation das Christentum in die Lausitz kam. Bischof Benno von Meißen (1066–1106) gilt bis heute als „Apostel der Sorben". Mit der Ausbreitung des neuen Glaubens unter den Slawen verloren ihre alten Kultstätten zunehmend an Bedeutung, sodass sie schließlich zerstört wurden. Den Ritus der Totenverbrennung verdrängte zunehmend die christliche Körperbestattung. 1165 brachten die Zisterziensermönche mit ihrer Klostergründung in Dobrilugk, dem heutigen Doberlug-Kirchhain, die Backsteinbauweise in die Niederlausitz. In der Oberlausitz folgten 1234 Kloster Marienthal und 1248 Kloster Marienstern.

Gerade der zerstörerische Tagebau brachte viele Zeugnisse der Vergangenheit wieder ans Tageslicht.

Bei alledem spielten Sorben und Wenden in der mittelalterlichen Lausitz eine wichtige Rolle für die wirtschaftliche Entwicklung. Auf dem Land arbeiteten sie als Bauern und in der Holzwirtschaft, sie züchteten Bienen und betrieben Pechsiedereien. In den Städten verrichteten sie ihr Handwerk in den unterschiedlichsten Zünften. In Bautzen etwa waren um das Jahr 1400 zwei der zwölf Goldschmiede Sorben. Andernorts übernahmen sie politische Verantwortung: 1336 saß in Löbau erstmals ein Sorbe im Stadtrat, in Kamenz ist für 1362 mit Nikil Went der erste sorbische Bürgermeister überliefert.

Gleichzeitig aber trafen die slawische Bevölkerung der Lausitz immer wieder Diskriminierung und Ausgrenzung. Zünfte wie 1405 die Tuchmacher von Cottbus oder in Löbau 1448 die Fleischer und 1501 die Gerber verwehrten Sorben die Mitgliedschaft. Manche Städte richteten begrenzte sorbische Siedlungsbereiche wie etwa „Wendengassen" ein. Groß ist denn auch über die Jahrhunderte die Zahl von Aufständen sorbischer Bauern und Handwerker gegen Leibeigenschaft, Frondienst und Benachteiligung. Positive Signale sandte die lutherische Reformation von 1517 – obwohl Martin Luther die Sorben wenig schmeichelhaft als „schlechteste aller Nationen" bezeichnet

In feinster Sonntagstracht ziehen die sorbischen Frauen zum nächsten Spreewaldfest über eine der „Banken", wie man die hölzernen Stege nennt, die an vielen Stellen über die Spreewaldfließe führen.

haben soll. Nahezu die gesamte Lausitz wurde protestantisch. Lediglich in der Oberlausitz blieben mit den Gemeinden des Domstifts Bautzen und den Klöstern Marienstern und Marienthal katholische Inseln. Vor diesem Hintergrund gaben sich die Oberlausitzer Landstände um 1700 gegenüber den Protestanten betont tolerant. Schließlich sollten „die wendischen Untertanen nicht in unchristlichen Aberglauben und Catholizismus zurückfallen".

Die sorbische Schriftsprache entsteht

Nachhaltiger indes war der Impuls der lutherischen Bibelübersetzung für das Entstehen der sorbischen Schriftsprache. Denn Luthers einheitliches Deutsch in Wort und Schrift hatte mit der sorbischen Muttersprache ebenso wenig zu tun wie zuvor die lateinischen Messen. Als älteste Schriftstücke in sorbischer Sprache gelten Bürgereide, denen die ersten übertragenen Kirchentexte folgten, darunter eine Taufagende von 1543 und fünf Jahre später Luthers Neues Testament.

Auf unerwartete Schwierigkeiten indes stieß Pfarrer Albin Moller aus Straupitz im Spreewald: Als er 1574 sein sorbisches Gesangbuch mit kleinem Katechismus drucken lassen wollte, fand er nirgendwo in der Niederlausitz einen geeigneten Drucker. So wurde der erste gedruckte niedersorbische Titel schließlich in der weithin angesehenen Werkstatt des Michael Wolrab in Bautzen hergestellt – und damit mitten im obersorbischen Sprachgebiet. Als erster Druck in Obersorbisch erschien 1595 der Katechismus Martin Luthers. Im frühen 18. Jh. erlebte das Sorbische an den Bildungsstätten in Prag, Leipzig und Wittenberg einen deutlichen Aufschwung. Gelehrte und Studenten entdeckten die wechselvolle Kulturgeschichte ihres Volkes als wesentliche Grundlage ihrer Identität. Allerdings stand auch in dieser Zeit die Oberlausitz dem erwachenden und rasch erstarkenden Selbstbewusstsein deutlich aufgeschlossener gegenüber als die Niederlausitz, wo allein im 17. und 18. Jh. das Sorbische in fast 300 Dörfern mehr oder weniger gewaltsam verdrängt wurde. Auch die um 1840 entstehende nationale bürgerliche Bewegung wurde von den dortigen Obrigkeiten skeptisch beäugt.

Dagegen erschien auf Veranlassung der Oberlausitzischen Gesellschaft für Wissenschaften in Görlitz 1841 und 1843 eine zweibändige Volksliedsammlung, die mit fast 500 Titeln und ihrem Kommentar zu einer Enzyklopädie der sorbischen Volkskunde avancierte. Von den reichen Traditionen der Sorben lebten Musikfeste und Theateraufführungen ebenso wie eine eigene Zeitung,

Die Gaststätte *Wotschofska* war schon vor hundert Jahren ein beliebtes Ausflugslokal mitten im Spreewald, wie diese Aufnahme aus dem Jahr 1913 zeigt.

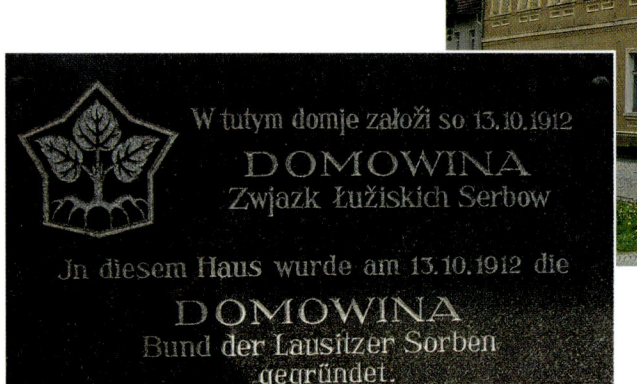

Im einstigen Ball- und Gesellschaftshaus in der Braugasse von Hoyerswerda gründete sich 1912 die Domowina als Dachverband der Lausitzer Sorben.

Zeitschriften und die wissenschaftliche Gesellschaft *Maćica Serbska* von 1847. Bauernvereine verschrieben sich der Bewahrung des vielfältigen und bunten sorbischen Brauchtums, auf der politischen Bühne erschienen Forderungen nach einer umfassenden Gleichberechtigung.

Doch in der zweiten Hälfte des 19. Jh. sollte sich der Zeitgeist deutlich ändern. Spätestens nach der Reichsgründung von 1871 traf die damalige deutsch-nationale Welle auch die Sorben. Für die Niederlausitz verlangten die Behörden 1896 ausdrücklich, die „Reste des Wendentums" in Staat, Kirche und Öffentlichkeit zu verdeutschen. Einher ging der antisorbische Kurs mit einer Neuauflage alter Vorurteile. Unter Berufung auf die mittelalterliche Slawenchronik des Helmold von Bosau (um 1120–1177) wurden Sorben und Wenden als verhasstes, heimtückisches und herausforderndes Nachbarvolk mit „Männern ohne Barmherzigkeit" und einer „generell angeborenen Grausamkeit" beschrieben. Publizistische Schützenhilfe kam von Autoren wie dem schon mehrfach genannten Reiseschriftsteller Trinius. Bereits 1887 wähnte er sich „am Sterbebette eines großen Volkes", das „anderthalb Jahrtausende bei uns zu Gaste" war. „Vielleicht schon in ein paar Jahrzehnten" werde es verschwunden sein, prophezeite er. Selbst Theodor Fontane fand es bei seinem Spreewald-Besuch durchaus angemessen, dass im Gottesdienst lediglich die Predigt „noch wendisch sein" durfte, nicht aber die allgemeinen Abkündigungen: „Der Staat, der bloß mit deutschem Ohre hört und nicht Zeit hat, in aller Eil auch noch wendisch zu lernen, tritt mit der nüchternen Geschäftsmine dazwischen und verlangt deutsches Aufgebot und deutsche Taufscheine. Wer wollt' ihm das Recht dazu bestreiten?"

Gegen dieses „Recht" gründeten 31 sorbische Vereine 1912 ihren Dachverband Domowina (deutsch: Heimat), der letztlich jedoch machtlos blieb

Das Sorbische wurde immer wieder aus nationalistischen Beweggründen unterdrückt.

gegen die zunehmende Repression. Sie gipfelte schließlich 1937 im Verbot des Verbandes und allen sorbischen Lebens in der Lausitz durch das NS-Regime. Slawische Bezeichnungen in der Öffentlichkeit wurden kurzerhand durch deutsche Begriffe ersetzt. So sollte das Spreewalddorf Byhleguhre (Weißer Berg) als Geroburg an die deutsche Eroberung im 10. Jh. erinnern, und die beliebte Ausflugsgaststätte *Wotschofska* wurde schlicht zum Spreewaldhof. Kritische Geister vor allem in der Lehrer- und Pfarrerschaft mussten während des Nationalsozialismus ihre Heimat verlassen. Der katholische Geistliche Alois Andritzki kam 1941 wegen seines konsequenten Widerstands gegen die Nazis ins Konzentrationslager Dachau, wo er am 3. Februar 1943 durch eine Giftspritze starb. Im Juni 2011 wurde der von den Nationalsozialisten ermordete Pfarrer als erster Sorbe selig gesprochen. Die Neugründung der Domowina 1945 und erste Sorbengesetze sollten unter dem Motto „Die Lausitz wird zweisprachig!"

Das Sorbische Museum auf der Ortenburg in Bautzen gibt einen umfassenden Überblick über die Geschichte der Sorben von den Anfängen bis zur Gegenwart, über Kultur, Kunst und Lebensweise des slawischen Volkes.

einen Neubeginn einleiten. Doch schon 1949 kritisierte die sächsische SED die staatliche Förderung der Sorben. Stattdessen sollte die Assimilation unterstützt werden, da in 50 Jahren ohnehin niemand mehr Sorbisch sprechen werde. Dennoch verbreiteten Mädchen in sorbischen Trachten bei der Grundsteinlegung für das Gaskombinat Schwarze Pumpe im Juni 1956 Optimismus. Das Plakat neben den Mädchen feierte das Projekt als „nationale Aufgabe des Fünfjahrplanes". Zwei Jahre später lautete die neue Losung „Die Lausitz wird sozialistisch!"

Gratwanderung in der DDR

Die DDR beschränkte sich jedoch in ihrer Sorbenpolitik keineswegs auf plakative Aktionen. Sie förderte den Domowina-Verlag mit seinem Programm von der Belletristik bis zur Wissenschaft ebenso wie die Tageszeitung *Nowa doba*, das Deutsch-Sorbische Volkstheater, das Staatliche Volkskunstensemble sowie zwischen 1966 und 1989 immerhin sieben Festivals der sorbischen Kultur. Für die Sorben selbst bedeutete die breite materielle Förderung freilich immer auch eine Gratwanderung zwischen Selbstbehauptung, Anpassung und Vereinnahmung. Hinzu kam der Verlust von sorbischen Ortschaften durch die rücksichtslose Ausweitung des Braunkohleabbaus. Viele Siedlungen waren einst in Gebieten entstanden, die später der Industrialisierung buchstäblich im Wege waren und deshalb unter Braunkohlebaggern verschwanden. Schließlich hat der Zuzug von Zehntausenden Arbeitskräften den sorbischen Bevölkerungsanteil deutlich reduziert.

Und heute? Als geschützte Minderheit in Deutschland nutzen die 40 000 Sorben in Sachsen und die 20 000 Wenden in Brandenburg die Möglichkeiten einer freien Gesellschaft – von der Bildung über Wissenschaft, Kunst und Kultur bis zu den Medien einschließlich der sozialen Netzwerke im Internet. Trachten und Brauchtum mit ihren vielen regionalen Feinheiten sind kein folkloristisches Beiwerk etwa für Spreewald-Touristen und andere Reisende. Vielmehr spiegelt der selbstbewusste Umgang mit der alten Überlieferung das Lebensgefühl von modernen Menschen des 21. Jh., die sich eins fühlen mit dem Wirken von Generationen ihrer Vorfahren.

Dennoch sehen viele trotz des vielfältigen Engagements für jahrhundertealtes Brauchtum in der Lausitz die Zukunft des Sorbischen mit Sorge. Die Sprache der Sorben/Wenden gilt längst als bedroht. Zum Rückgang des aktiven Sprachgebrauchs offenbarte jüngst eine Untersuchung in Bautzen aufschlussreiche Details. Danach fühlen sich deutsche Jugendliche unter Gleichaltrigen, die Sorbisch sprechen, häufig ausgegrenzt. Die Sorben ihrerseits, die in beiden Sprachen zu Hause sind, verzichten deshalb oft auf ihre Muttersprache – und verleugnen zudem nicht selten die eigene sorbische Identität. Die Anthropologin Cordula Ratajczak zog in ihrer Studie von 2011 ein ernüchterndes Resümee: Sorbisch sei oft unhörbar, und falls es doch zu hören sei, werde es nicht selten als Zumutung empfunden.

Eine Besserung könnte das Sprachprogramm *Witaj* (Willkommen) bringen. Die gezielte Vermittlung des Sorbischen beginnt schon im Kinder-

Zu den ältesten Stücken im Sorbischen Museum gehören ein barocker Taufengel und Tafelbilder aus Oberlausitzer Dorfkirchen.

gartenalter und setzt sich in den Schulen fort. Nach ersten Einschätzungen findet das 2001 von der Domowina gestartete Programm auch unter Deutschen eine unerwartet positive Resonanz.

Bautzen – heimliche Hauptstadt der Sorben

Der slawische Urgrund der Stadt Bautzen ist prominent markiert. Wo sich einst hoch über der Spree die Vorfahren der Sorben niederließen, steht heute auf der Ortenburg das Sorbische Museum. Ein Rundgang durch das frühere Salzhaus vermittelt neben der Geschichte des kleinsten slawischen Volkes auch dessen Kultur und Lebensweise bis hin zu Sprache, Literatur und Kunst. Einen besonderen Aspekt kultureller Tradition und Gegenwart verdeutlicht das Burgtheater auf dem Burghof gegenüber. Der Theaterneubau ist die zweite Spielstätte des Deutsch-Sorbischen Volkstheaters und seit 2003 für das Sorbische Kinder- und Jugendtheater, die Puppenbühne sowie für Inszenierungen der „kleinen Form" neue künstlerische Heimat. Museum und Theater sind zwei der zahlreichen Einrichtungen in Bautzen, die den geografischen und historischen Mittelpunkt der Oberlausitz zur heimlichen Hauptstadt der Sorben machen. Deren Interessen in der Öffentlichkeit vertritt die Domowina als Dachverband sorbischer Vereine und Verbände mit mehr als 7000 Mitgliedern in der gesamten Lausitz. Das Sorbische Institut widmet sich der Forschung zur Kultur- und Sozialgeschichte, zu Sprachwissenschaft und Volkskunde. Ferner sind in der Stadt das Sorbische Nationalensemble, Bildungseinrichtungen wie das Witaj-Sprachzentrum, Schulen und ein Gymnasium sowie mehrere kirchliche, künstlerische und Sportvereine der Sorben zu Hause.

Das Miteinander mit der deutschen Bevölkerung ist in der Hauptsatzung der Stadt Bautzen von 1994 festgeschrieben. Diese Besonderheit sei „eine Bereicherung der Stadt" und „öffentlich zu dokumentieren". So begegnen dem Besucher in der Altstadt mit ihrer mittelalterlichen Struktur zweisprachige Straßenschilder – und dies nicht nur in der Wendischen Straße, die einst das Wendische Viertel mit Turm und eigenem Stadttor prägte. Restaurants wie das *Wjelbik* oder das *Culinarium* geben kulinarische Einblicke in die sorbische und die Lausitzer Küche. Das Interieur im *Hotel Dom-Eck* lebt von der künstlerischen Handschrift des Malers und Grafikers Martin Nowak-Neumann.

Gedenkstätte Bautzen – ein dunkles Kapitel

Einem dunklen Kapitel jüngerer Geschichte ist die Gedenkstätte Bautzen gewidmet. Sie erinnert im ehemaligen Gefängnis der DDR-Staatssicherheit Bautzen II an die Opfer politischer Gewaltherrschaft im Nationalsozialismus und in der DDR. Die Liste bekannter Häftlinge reicht vom tschechischen Publizisten Julius Fučík und dem KPD-Vorsitzenden Ernst Thälmann über DDR-Außenminister Georg Dertinger, den Verleger Walter Janka und den Theologiestudenten Werner Ihmels bis zu den Schriftstellern Walter Kempowski und Erich Loest. Nach seiner Haftentlassung in der DDR 1959 wurde der Publizist Karl Wilhelm Fricke in Westdeutschland zum wichtigsten Chronisten politischer Willkür in der DDR. „Bautzen I", das berüchtigte „Gelbe Elend", war von 1945–1950 einer der zehn Internierungslager der sowjetischen Besatzungsmacht.

Anne-Christin Eule – Orgelbauerin in Bautzen

Ihr beruflicher Werdegang hätte auch ein ganz anderer sein können. Zwar absolvierte Anne-Christin Eule im Bautzener Familienunternehmen ab 1994 eine Ausbildung zur Orgelbauerin. Doch damit war der Weg zur künftigen Geschäftsführerin der traditionsreichen sächsischen Orgelbaufirma keineswegs vorgezeichnet: Nach dem Studium in Leipzig konnte sich die diplomierte Betriebswirtin durchaus andere Perspektiven vorstellen.

Dass sie sich dann doch für Bautzen entschied, begründet die junge Geschäftsfrau mit ihrer Auffassung von Verantwortung gegenüber einer 140-jährigen Familientradition. Diese begann 1872 mit der von Hermann Eule gegründeten Firma und führte über Höhen und Tiefen mit Aufschwung, Krisen und Mangelwirtschaft in der DDR bis an die Spitze der Branche in Deutschland.

Anne-Christin Eule war noch Kind, als sie den Betrieb in der Wilthener Straße 6 kennenlernte. „Schon von klein auf war ich oft bei meiner Großmutter, die damals die Firma leitete", erzählt die Mittdreißigerin. Ingeborg Eule führte das Unternehmen am histo-

rischen Standort seit 1971 und sicherte sein Fortbestehen auch nach der Enteignung von 1972. Mit dem Ende der DDR-Wirtschaft im Sommer 1990 konnte der Betrieb nahezu unbeschadet in das Eigentum der Familie zurückgeführt werden.

Als die Enkeltochter von Ingeborg Eule den Betrieb 2006 übernahm, war das Unternehmen deutschlandweit und international gut im Geschäft. Allein zwischen 1971 und 2005 kamen aus Bautzen über 230 neue Orgeln. Unter den 43 historischen Instrumenten, die in diesem Zeitraum restauriert wurden, setzt die barocke Trost-Orgel in der Schlosskapelle von Altenburg in Thüringen Maßstäbe. Neue Eule-Orgeln sind in den vergangenen Jahren unter anderem in Lüchow, Hannover, Kassel und Duisburg geweiht worden, aber auch in Tel Aviv, St. Petersburg, Prag sowie als Opus 670 in Vaduz im Fürstentum Liechtenstein, berichtet die Geschäftsführerin.

Handwerk und Idealismus

„Orgelbau ist Kunsthandwerk auf hohem Niveau, zu dem neben dem fachlichen Wissen auch 20 Prozent

Idealismus gehören", sagt sie. Für die Qualität der Instrumente setzt Anne-Christin Eule auf die Fertigkeiten und das Wissen ihrer rund 40 Mitarbeiter, darunter sieben Meister. Wichtige Stützen an ihrer Seite sind der Orgelhistoriker Jirí Kocourek und der Intonateur Georg Hieke.

Bei einem Rundgang durch die Werkstatt gibt sich die zunächst scheu wirkende Chefin als souveräne Fachfrau zu erkennen, die ihr Metier beherrscht und engagiert dafür eintritt. Geduldig erläutert sie den Weg von den Entwürfen bis zum fertigen Instrument, der ein kaum überschaubarer Prozess von kleinen Schritten ist.

Die Stunde der Wahrheit schlägt, wenn eine Orgel nach aufwendiger filigraner Kleinarbeit zum ersten Mal in der großen Montagehalle zu einem technischen Gesamtkunstwerk zusammengefügt wird. Die Intonation erfolgt dann am Aufstellort in Kirchen, Konzertsälen oder Stadthallen. Dort halten die Instrumente aus Bautzen ein wichtiges Kapitel sächsischer Handwerkskunst lebendig. Denn Orgeln gab es in der Stadt immerhin schon 500 Jahre vor Hermann Eule.

Fachwissen, Liebe, Geduld und viel Erfahrung stehen hinter den großen Orgeln, die am Ende wie ein Puzzle aus vielen einzelnen Teilen zu einem Gesamtkunstwerk zusammengefügt werden.

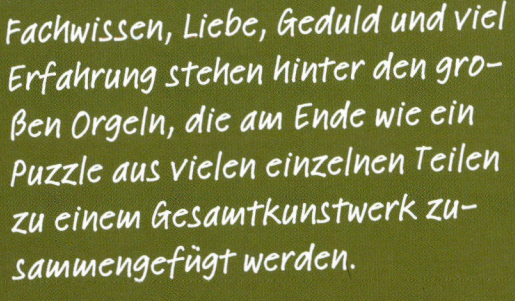

Die fertiggestellten Orgeln strahlen nicht nur im Klang. Der Glanz der Pfeifen ist zusammen mit der ästhetischen Anordnung auch ein optischer Genuss.

Das Kruzifix im katholischen Teil des Bautzener Doms St. Petri ist ein Werk des bekannten Dresdner Hofbildhauers Balthasar Permoser, entstanden im Jahr 1714.

Denkmäler, Erinnerungstafeln und Straßennamen im Stadtbild bewahren das Andenken an Persönlichkeiten, die sich in Bautzen und andernorts um die slawische Kultur verdient gemacht haben. Zu ihnen gehören beispielsweise der Begründer der sorbischen Nationalliteratur, Handrij Zejler (1804–1872), der im KZ Dachau umgekommene, inzwischen selig gesprochene Geistliche Alois Andricki (1914–1943) und die im KZ Ravensbrück gestorbene Journalistin Maria Grollmuß (1896–1944). Grabstätten bedeutender Sorben sind auf dem Friedhof in der Ruine der Nikolaikirche ebenso zu entdecken wie auf dem Protschenbergfriedhof.

Dort erinnert das Grabmal von Jan Arnošt Smoler (1816–1884) an den Herausgeber der ersten sorbischen Volksliedsammlung im 19. Jh. Die nach ihm benannte Buchhandlung im heutigen Domowina-Verlag ist in Sorbisch und Deutsch auf Literatur von und über Sorben spezialisiert. Sie führt damit die Tradition der Smoler'schen Verlagsbuchhandlung fort, die der Publizist und Verleger 1851 in Bautzen gründete.

Frühe slawische Wurzeln

Die Spuren slawischen Lebens in Bautzen sind wesentlich älter als die erste urkundliche Erwähnung von 1002. Keramik-Fundstücke zeugen von einer Besiedlung bereits im 7. und 8. Jh. Während später auf dem hohen Felssporn die Ortenburg zu einer deutschen Adelsburg wurde, ließen sich die Sorben in der Stadt und unten in der Vorstadt nieder. Um 1400 war gut ein Drittel der Einwohner sorbisch. Neben 567 deutschen Hauseigentümern gab es auch etwa 260 Sorben mit eigenem Haus und Hof.

Bis zum Beginn des 19. Jh. etablierte sich in der Stadt ein sorbisches Kleinbürgertum mit manchen durchaus vermögenden Familien. Vor diesem Hintergrund bot Bautzen für die nationale Wiedergeburt der Sorben günstige Voraussetzungen. Seit 1842 erscheint hier die sorbische Wochenzeitung *Tydzenska Nowina*, die später zur heute noch erscheinenden Tageszeitung *Serbske Nowiny* wurde.

Das erste sorbische Gesangsfest von 1845 begründete in der Stadt eine neue Tradition von Sängerfesten und Konzerten. Zwei Jahre später entstand in Bautzen die wissenschaftlich-kulturelle Gesellschaft *Maćica Serbska*. Im Bautzener Hotel *Zur Goldenen Krone* kam 1862 zum ersten Mal ein Theaterstück in sorbischer Sprache auf die Bühne.

Das Sorbische gehört untrennbar zu dieser Stadt, die in ihrer wechselvollen Geschichte auch von zahlreichen anderen Einflüssen geprägt wurde. Die mehrfach zerstörte Ortenburg erhielt ihre jetzige Gestalt mit den markanten Renaissancegiebeln nach den Verwüstungen durch Wallensteins Truppen im Dreißigjährigen Krieg. Den Audienzsaal ziert seit dem Wiederaufbau eine prächtige Stuckdecke mit historischen Szenen, darunter eine zum Erwerb der Lausitz durch die Wettiner nach dem Prager Frieden von 1635. Der Matthiasturm am Zugang zur Burg zeigt mit gutem Grund ein Relief des

thronenden Ungarnkönigs Matthias Corvinus (1443–1490): Als kurzzeitiger Herrscher von Böhmen war er auch Herr über die Lausitz.

Der imposante Dom St. Petri verweist auf das besondere Gewicht von Bautzen in der kirchlichen Strategie für die Region. 1221 gehörten zur damaligen Pfarrkirche rund 180 umliegende Dörfer. Ein Jahrhundert nach Vollendung des Doms als spätgotische Hallenkirche um 1430 folgte die Geistlichkeit der Lehre Martin Luthers, was die Zukunft des markanten Baus als katholische Kirche zunächst gefährdete. Erst der neue und diplomatisch geschickte Domdekan Johann Leisentrit (1527–1586) erreichte für die stillschweigend begonnene Kirchennutzung durch Altgläubige und Reformierte eine vertragliche Regelung. Sie wurde mehrfach bestätigt und gilt bis heute. Damit ist der Dom zu Bautzen die älteste Simultankirche in Deutschland. Die Schatzkammer im benachbarten Domstift bewahrt kirchliches Kunstgut von hohem Rang aus acht Jahrhunderten, darunter barocke Meisterwerke aus der Werkstatt des Dresdner Hofbildhauers Balthasar Permoser (1651–1732).

Älteste Kostbarkeit ist ein Tragaltar aus dem 13. Jh. Ursprünglich als Einband für eine Handschrift gefertigt, ließ Domherr Albert von Koppritz das blau-goldene Hochrelief mit Kreuzigungsgruppe und zwei Engeln 1398 zu einem tragbaren Altar umgestalten. Einst gehörten zu der vergoldeten Kupferplatte mehrere Reliquien auf der Rückseite. Inschriften und Wappen am Fuß des Kreuzes erinnern an Domdekan Leisentrit, der das Kleinod

Der Dom St. Petri in der Altstadt von Bautzen ist eines der selten Beispiele einer Simultankirche, in der evangelische und katholische Gottesdienste gehalten werden, teils auch auf Sorbisch.

Der Dom in Bautzen ist als Simultankirche ein Beispiel religiöser Toleranz.

Die Spree fließt auch auf Sorbisch an der Alten Wasserkunst aus dem 16. Jh., dem Wahrzeichen von Bautzen, vorbei.

sakraler Kunst 1583 restaurieren ließ. Tragbare Altäre sind in der mittelalterlichen Kirche keine Seltenheit. Würdenträger waren damit bereits seit dem 6. Jh. unterwegs, um auf Reisen die heilige Messe zelebrieren zu können. Von der spätgotischen, wenige Schritte entfernten Nikolaikirche blieb indes nur eine Ruine. Die Kirche aus dem 15. Jh. war dem heiligen Nikolaus geweiht und damit dem Schutzpatron der Kaufleute. Nikolaikirchen entstanden deshalb oft an wichtigen Verkehrswegen – in Bautzen am Übergang der *Via regia* über die Spree. Nach der Reformation nutzen die katholischen Sorben die Kirche. Doch beim Stadtbrand 1634 stürzte sie ein. Später wurde die Ruine zum Friedhof. In der einzigartigen Atmosphäre um die Gräber zwischen Resten von Kirchenmauern scheint die düstere Romantik eines Caspar David Friedrich aufzuleben.

Die Alte Wasserkunst von 1558 ist ein anschauliches Beispiel dafür, wie aus profanen Zweckbauten über die Zeiten markante Denkmale der Ingenieurskunst werden können. Der steinerne Turm ersetzte den ursprünglichen Holzturm, dessen Pumpen die Stadt auf dem Plateau über der Spree mit Trinkwasser versorgten. Die Kolbenpumpen waren immerhin bis 1965 in Betrieb. Mittlerweile ist die sanierte Wasserkunst als technisches Denkmal ein Museum der besonderen Art. Als Teil der Stadtbefestigung gehört es mit der benachbarten Michaeliskirche zur turmgekrönten Altstadt-Silhouette von Bautzen. In der DDR war jedoch das Stadtbild mit seinen alten Häusern in verwinkelten Gassen massiv gestört durch einen monströsen Wohnblock am Kornmarkt. Die 13 Stockwerke schoben sich ab 1971 als überdimensionaler Riegel aus Stahl und Beton vor die Altstadt, die im Schatten des riesigen Wohnblocks zusehends verfiel. Seit seinem Abriss ist der Blick wieder frei auf eine der reizvollsten und sorgsam sanierten mittelalterlichen Städte Deutschlands.

Zerstörung und Wiederaufbau

In ihrer über 1000-jährigen Geschichte teilte Bautzen das Schicksal unzähliger anderer Orte. Immer wieder machten Kriege und Feuersbrünste zunichte, was sich die Bewohner zum Teil unter erheblichen Mühen aufgebaut hatten. Zwar blieb Bautzen von den Hussitenkriegen im 15. Jh. weitgehend verschont. Doch im Dreißigjährigen Krieg fielen beim großen Stadtbrand 1620 während der Eroberung durch die Sachsen über 420 Gebäude in Schutt und Asche. 14 Jahre später wurde die Stadt von Wallensteins Truppen nahezu vollständig zerstört. Chroniken berichten nach jenem denkwürdigen

2. Mai 1634 von bis zu 600 Toten. Nach Stadtbränden im 18. Jh. erhielten große Teile der Altstadt entlang des alten Wegenetzes ihre heutige Gestalt. Prächtige barocke Bürgerhäuser mit geschmückten Fassaden säumen den Hauptmarkt mit seinem imposanten Rathaus, die Reichenstraße und den Fleischmarkt. Die erhaltenen Türme der einst doppelten Stadtmauer sind wie Fingerzeige aus vergangener Zeit. Der bekannteste ist der Reichenturm mit seiner weithin sichtbaren Barockhaube. Mit einer Abweichung von 1,44 m von der Senkrechten gehört er zu den schiefsten begehbaren Türmen nördlich der Alpen. Das Sandsteinrelief von 1593 erinnert an den Huldigungsbesuch des böhmischen Königs und deutschen Kaisers Rudolf II. von 1577 in der Stadt. Es ist weit und breit das einzige Denkmal, das dem segensreichen Wirken des Herrschers für die Oberlausitz gewidmet ist.

In vielen Straßennamen der Altstadt sind noch immer die Zeiten des alten Handelsplatzes Bautzen mit Marktrechten für zahlreiche Güter lebendig. Der Anschluss Bautzens an das deutsche Eisenbahnnetz eröffnete 1846 für die Stadt das Industriezeitalter mit Maschinen- und Waggonbau sowie Papierfabriken, Webereien, Spinnereien und Tuchfabriken. Für die Garnison Bautzen baute der damalige „Stararchitekt" Gottfried Semper (1803–1879) am Wendischen Turm eine Kaserne für 350 Soldaten. Zudem wurde die Stadt Justizstandort, der durch das Gefängnis „Gelbes Elend" nach dem

Als „Schiefer Turm" von Bautzen ist der 56 m hohe Reichenturm in der malerischen Altstadt bekannt; er gehört zur ehemaligen Stadtbefestigung (ganz oben).

Drei Uhren besitzt der Rathausturm, dessen Grundstein 1489 gelegt wurde. Nach welcher Uhr sich der Bautzener Roland, Ritter Dutschmann, richtet, ist ungewiss (oben).

Schauspiel, Puppen und Musik – große Bühnenkunst und spannende Experimente

Der große Theaterskandal ist ausgeblieben. Doch mit seinem Beitrag zum hundertjährigen Jubiläum der Domowina sorgte das Deutsch-Sorbische Volkstheater Bautzen (Němsko-Serbske Dźiwadło Budyšin) schon vor der Uraufführung im Frühjahr 2012 für einiges Aufsehen. Ausgangspunkt war weniger das Stück *Za sydom durjemi* (*Hinter Sieben Türen*) über die Identität der Sorben zwischen Vergangenheit, Gegenwart und Zukunft. Heftige Kontroversen löste vielmehr das Plakat aus, das eine sorbische Hochzeitsgesellschaft vor Kirchturm und Minarett zeigte. Die Braut in historischer Tracht war unverkennbar eine Sorbin – und der Mann an ihrer Seite ein Moslem. Die spielerische Vision der sorbischen Autorin Eva-Maria Zschornack für eine mögliche Perspektive ihres Volkes in den nächsten Jahrzehnten empfanden viele in der katholischen Oberlausitz zunächst als Zumutung. Aber nach erfolgreicher Premiere waren auch die kritischen Stimmen moderater. Der ambitionierte Versuch, ein vielschichtiges und komplexes Thema anhand individueller Schicksale darzustellen, spiegelte einmal mehr den selbstge-wählten Anspruch der Bautzener Bühne, alles andere als ein „Bauernschwank-Theater" zu sein.

Theater für und in drei Sprachen

Das Drei-Sparten-Haus mit Schauspiel, Musik- und Puppentheater ist Deutschlands ungewöhnlichste Bühne. Das einzige bikulturelle Profi-Theater arbeitet zudem in drei Sprachen – in Deutsch, in Nieder- und in Obersorbisch. Während die generell zweisprachigen Sorben damit keine Probleme haben, gibt es für Deutsche in sorbischen Vorstellungen Kopfhörer mit simultan übersetzten Texten. Zu den rund 1000 Veranstaltungen in jeder Spielzeit kommen jeweils bis zu 150 000 Besucher. Und das alljährliche Sommerspektakel im Hof der Ortenburg ist längst zu einem überregionalen Anziehungspunkt für weitere 30 000 Theaterfreunde geworden.

Der Anfang des sorbischen Berufstheaters war 1948 eine reine Wanderbühne. Die Schauspieler probten in Bautzen und zogen dann mit ihren Gastspielen als *Serbske Ludowe Dźiwadło* durch die Gasthöfe der Um-

gebung. 1961 kam der freischaffende Puppenspieler Bert Ritscher mit seinen Marionetten hinzu. Die neue Sparte Puppentheater eröffnete er mit einem Stück über *Mištr Krabat*, den legendären sorbischen Zauberer. Aus Ritschers Werkstatt stammt auch die populäre Kasperfigur „Nitka Witka", die mittlerweile so etwas wie ein Wahrzeichen der Bautzener Puppenbühne ist.

Das gemeinsame Haus unter dem heutigen Namen entstand 1963 aus dem Zusammenschluss des Sorbischen Volkstheaters mit dem bereits 1796 gegründeten Stadttheater. Doch 1968 musste der historische Theaterbau am Lauengraben den damaligen Plänen für ein sozialistisches Bautzen weichen. Erst 1975 stand den Künstlern wieder ein eigenes Haus zur Verfügung, ein halb illegal errichteter „Erweiterungsbau" des Verwaltungsgebäudes mit Studiobühne in der Se-

minarstraße. Das mittlerweile modernisierte Große Haus und die kleine Bühne im Burgtheater (Dźiwadło na hrodźe) sind in der sorbischen Kulturlandschaft längst eine feste Größe. Im Neubau auf der Ortenburg fand zudem der berühmte „Rietschel-Giebel" seinen endgültigen Platz. Das Giebelfeld des sächsischen Bildhauers Ernst Rietschel (1804–1861) zierte ursprünglich das 1869 abgebrannte Hoftheater in Dresden und kam 1905 an das Bautzener Stadttheater. Nach dessen Sprengung endete die lange Odyssee des Sandsteinreliefs schließlich 2003 zu ebener Erde am neuen Theater auf dem Burgberg. Dort können die Besucher den allegorischen Figuren der antiken Tragödie nunmehr auf Augenhöhe begegnen.

Eine der viel diskutierten Premieren der vergangenen Jahre im Deutsch-Sorbischen Volkstheater war *Hinter Sieben Türen (Za sydom durjemi)* im März 2012 (Hintergrundbild und oben). Modern und hell ist die Architektur des Großen Hauses (ganz oben).

Die Häuser in den verwinkelten Alt-
stadtgassen Bautzens wurden sorg-
fältig restauriert (rechts).

Zweiten Weltkrieg als Internierungslager der sowjetischen Besatzungsmacht
zu unrühmlicher Bekanntheit gelangen sollte.

Seit 1868 schließlich gilt die amtlich bestätigte deutsche Ortsbezeichnung
Bautzen. Doch der alte slawische Name ist nicht nur in zweisprachigen Orts-
schildern und Dokumenten erhalten geblieben. Er lebt auch fort in der
sprichwörtlichen Beschreibung für den Böhmischen Wind, der oberhalb der
Spree mitunter heftig durch die Straßen und Gassen pfeift: „Wenn der Wind
nicht weiß wohin, dann weht er über Budyšin." Eine Erfahrung, die den
Bautzenbesucher besonders im Winterhalbjahr empfindlich treffen kann.
Aber auch das muss den Reisenden nicht verdrießen.

Bautz'ner Senf – eine starke Marke

Die Stadt bietet ihren Besuchern neben Kirchen und anderen architektonischen Sehenwürdigkeiten nämlich viele Möglichkeiten, sich ins Warme
zurückzuziehen. Beispielsweise in das Museum Bautzen mit seinen mehreren
hunderttausend Objekten. Sie reichen von regionalen Zeugnissen der Ur-
und Frühgeschichte über Gebrauchsgegenstände des 18. und 19. Jh. aus den
Dörfern der Oberlausitz bis zu Bildern und Dokumenten zur Stadtgeschich-
te. Eine Rarität sind die mehr als 300 Kinderbücher der Sammlung Roesger
aus der Zeit zwischen 1770 und 1870. Zudem birgt die Kunstsammlung
allein 17 000 Gemälde, Grafiken, Zeichnungen und Skulpturen von der
Renaissance bis zur Moderne von Künstlern mit klangvollen Namen. Lucas
Cranach d.Ä. und Carl Gustav Carus gehören dazu ebenso wie Franz von

Lenbach, Max Liebermann, Max Slevogt oder Otto Dix. Ein besonderer Schwerpunkt sind Arbeiten von Künstlern aus Bautzen und der Oberlausitz. Nicht zuletzt bieten historische Gasthäuser, Cafés und viele Szene-Lokale neben dem kulinarischen Vergnügen immer wieder auch kulturelle Veranstaltungen. Höhepunkt ist jährlich die so genannte Kneipennacht mit einer großen Zahl an Konzerten. Einer der Sponsoren der Kneipennacht hat ein bundesweit bekanntes Logo, ein roter Schriftzug, schwungvoll unterstrichen: Bautz'ner. Prominentestes Produkt der Marke ist sicher der Bautz'ner Senf. Die Geschichte der Senfherstellung in Bautzen begann schon im 19. Jh., genauer gesagt im Jahr 1862. Damals gründete Reinhold Klemm sein Materialwaaren & Spirituosen-Geschaeft en gros & Details sowie Brenn- und Schankwirtschaftstätigkeit. Vier Jahre später trat Gustav Britze als Prokurist in das Unternehmen ein, das nach Klemms Ausscheiden ab 1913 vier Jahrzehnte lang als Britze & Söhne firmierte. In der DDR dann produzierte der VEB Essig- und Senffabrik Bautzen weiterhin Senf. Die beliebteste Sorte damals und heute ist der mittelscharfe Senf, der nach der Wende, anders als viele

Der Bautz'ner Senf ist eine der wenigen Ex-DDR-Marken, die sich am Markt durchsetzen konnten.

andere Ostprodukte, immer noch nachgefragt wurde. Seit 1992 wird er unter der Obhut der bayerischen Firma Develey hergestellt. Dem Thema Senf widmet sich seit wenigen Jahren ein eigenes Museum am Fleischmarkt. Zudem gibt es im Spätsommer die Bautz'ner Senfwochen, während derer sich eine große Zahl von Restaurants speziell Gerichten mit Senf zuwenden.

Und das Sorbische hat auch in der Kulinarik deutliche Spuren hinterlassen: Es finden sich einschlägige Gerichte auf den Speisekarten der Restaurants. Im Restaurant *Wjelbik* beispielsweise die Hochzeitssuppe, Quark mit Leinöl oder Karpfenmus.

Alles über Senf, von der Senfpflanze bis zu allen Feinheiten der Senfzubereitung und Darreichung, erfährt man im Senfmuseum von Bautzen und kann seine neuen Kenntnisse dann gleich im dazugehörigen Senfladen testen.

Sorbische Mythen und Bräuche – Feste, Trachten, Rituale

In den Mythen und Bräuchen der Sorben sind jahrhundertealte Überlieferungen lebendig. Die gelebten Traditionen sind auch Ausdruck der sorbischen Identität. In Zeiten der Bedrängnis gaben sie dem kleinen slawischen Volk einen emotionalen Rückhalt.

Das sorbische Brauchtum vereint das ganze Jahr heitere Feste und Feiern, in denen Trachten und Traditionen stets eine große Rolle spielen. Der bunte Reigen beginnt jeweils schon am 1. Januar mit den „Neujährchen". Diese kleinen Gebäckstücke in Tierform aus Mehl, Wasser und Salz gaben die Bauern einst am Neujahrstag ihren Tieren und verbanden damit den Wunsch, diese mögen gesund bleiben. Die Vogelhochzeit am 25. Januar gilt als einer der schönsten Kinderbräuche in der Lausitz. Als Dank für das Beschützen der Vogelwelt erhalten die Kinder Süßigkeiten, und bei einem ganztägigen Fest wird stilgerecht ein sorbischer Hochzeitszug nachgestaltet. Dem Hochzeitsbitter im schwarzen Anzug und mit Stock sowie Zylinder folgen nach Braut, Bräutigam, Patinnen und Brautjungfern schließlich die Hochzeitsgäste – eine Hochzeitsgesellschaft in Vogelkostümen.

Die sorbische Fastnacht (Zapust) wird von Mitte Januar bis Anfang März vor allem in der Niederlausitz in der Region um Cottbus gefeiert – aber dort umso ausgiebiger. Ihr ältester Teil ist das Zampern, ein Umzug durch die Dörfer, bei dem die kostümierte und musizierende Jugend Speck, Eier und Geld sammelt. Beim Festumzug in niedersorbischer Tanztracht sind die Burschen am Revers oder am Hut mit dem obligatorischen Zapust-Strauß geschmückt. Beim Fastnachtstanz am Abend soll fleißiges Tanzen das Gedeihen des Flachses auf den Feldern befördern. Die Jugend trifft sich beim „Eieressen", bei dem der Ertrag des Zamperns feucht-fröhlich umgesetzt wird.

Andere Frühlingsbräuche wie etwa das Hexenbrennen in der Walpurgisnacht, das Maibaumsetzen oder die Wallfahrten zu Pfingsten ähneln dem Brauchtum in anderen Gegenden. Dagegen sind die vielfältigen sorbischen Bräuche zu Ostern eine einzigartige Besonderheit im deutschsprachigen Raum. Sie verbinden alte Rituale um das Ende des Winters und die Wiedergeburt

Das alljährliche Hexenfeuer mit Musik und Wein am Halbendorfer See bei Weißwasser soll die bösen Geister des Winters vertreiben.

der Natur im Frühjahr mit der christlichen Überlieferung um Tod und Auferstehung.

Wenn sich etwa in Bautzen die Sorben alljährlich im Frühling „Wjesołe jutry!" (Frohe Ostern!) wünschen, ist auf dem Protschenberg Hochbetrieb. Dort blasen am Ostersamstag Posaunenchöre vor dem Friedhof nicht nur Choräle, sondern auch Frühlings- und Volkslieder. Am Tag danach ist der Berghang über der Spree Schauplatz eines bunten Treibens beim Eierschieben. Dabei werden Ostereier, Obst und allerlei Naschwerk den Berg hinabgerollt und unten kurz vor dem Fluss von Kindern wieder aufgefangen – begleitet von viel Jubel und Gelächter. Ähnlich geht es zu bei dem vielerorts verbreiteten Waleien, wenn geschmückte Ostereier auf einer abschüssigen Bahn heruntergerollt werden. Sieger sind die Besitzer jener Eier, die beim Abwärtstrudeln andere Eier treffen.

Ernsthafter ist das traditionelle Osterreiten in der katholischen Oberlausitz, bei dem festlich gekleidete Reiter die biblische Botschaft von der Auferstehung Christi hoch zu Ross in die Kirchgemeinden tragen. Im Städtedreieck von Bautzen, Kamenz und Wittichenau sind alljährlich rund 40 Ortschaften in den Brauch einbezogen. Seit der Wiederbelebung des

Beim Osterreiten in der katholischen Oberlausitz bringen festlich gekleidete Reiter die Osterbotschaft in die Dörfer (ganz oben). Mit der Vogelhochzeit eröffnen die Kinder den jährlichen Reigen der Feste (oben).

Zu Ostern pflegen die Sorben zahlreiche Bräuche, die deutschlandweit eine Besonderheit sind.

Stoffe und Schnitte mit Geschichte und Geschichten

Die Sorben bringen seit Generationen ihre Identität in ihrer Trachtenvielfalt zum Ausdruck. Dennoch sind die kunstvollen Gewänder im modernen Alltag eher selten geworden. Doch in jüngster Zeit greifen traditionsbewusste Sorben vor allem zu den Festen wieder häufiger auf die Festtagskleidung der Vorfahren zurück.

Comeback der Tracht

Einst waren die Trachten in der gesamten sorbischen Lausitz verbreitet. Männer trugen ebenso wie Frauen und Kinder Tracht. An den Arbeitstagen kleideten sie sich anders als an Festtagen, an denen Trachtenträger darüber auch ihren sozialen Status dokumentierten. Hinzu kamen beispielsweise Trachten für den Kirchgang, für Kommunion und Konfirmation. Doch mit der Industrialisierung im 19. Jh. verschwanden die kostbaren Kleidungsstücke zusehends.

Heute gibt es in den vier verbliebenen Trachtengebieten um Bautzen, Cottbus und Hoyerswerda sowie um die kleine Gemeinde Schleife nur noch wenige Sorben, die täglich in Tracht gehen.

Nach wie vor sind die Traditionsgewänder eine anspruchsvolle Angelegenheit: Eine Erwachsenentracht kann durchaus bis zu 2000 Euro kosten. Immerhin ist eine Frauentracht zwischen Strümpfen und Kopftuch erst mit mehreren weiteren Teilen komplett – vom Rock und Unterrock über Schürze, Hemd und Kittelchen bis zu Mieder, Halstuch, Jacke und Haube. Was für den unkundigen Betrachter alles irgendwie ähnlich aussieht, ist von großer Vielfalt gekennzeichnet.

Ein orangefarbener Rock und eine Haube aus schwarzer Seide etwa sind typisch für die Festtagstracht der Mädchen und jüngeren Frauen aus einem der 28 Trachtenorte um Hoyerswerda. Charakteristisch für die rund 60 Ortschaften mit der Cottbuser Tracht, die fälschlicherweise oft „Spreewaldtracht" genannt wird, ist das große Kopftuch, die sogenannte *lapa*.

In der Region um Bautzen tragen verheiratete Frauen ein mit Knöpfen verziertes Mieder. Zur strengen schwarzen Konfirmationstracht für Mädchen gehören Rock, Spenzer und Schürze. Eine Besonderheit ist die Tracht der katholischen Sorbinnen in

85 Orten der Kreise Bautzen sowie Kamenz. Für den Wohlstand der Region standen dort einst kostbare Materialien wie Seide, Wollstoffe und Pelze. Farbige Kopfbänder gaben Auskunft über den Familienstand der jungen Frauen: Bei Brautjungfern fand sich das Rot der Jugend im Rosa der Kopfbänder wieder, die Braut selbst trug Grün.

Zum kleinsten Trachtengebiet im Kirchspiel Schleife mit lediglich sieben Dörfern vermitteln im Sorbischen Kulturzentrum mehr als 100 Trachtenpuppen reizvolle Einblicke in die Geschichte der Region. Zu der Sammlung gehören unter anderem Puppen in Arbeitstracht und mit der Schleifer Kindertracht, für die es andernorts nichts Vergleichbares gibt.

Je nach Anlass und Region unterscheiden sich die sorbischen Trachten, wobei der Kopfbedeckung und der Farbigkeit der Schürzen besondere Bedeutung zukommt: sorbische Mädchen in Schleife (oben links), evangelische Sorbinnen in Dissen-Striesow im Oberspreewald (oben rechts), Cottbuser Tracht (links).

Die Tradition des Osterreitens gibt es schon seit mehr als 400 Jahren in den sorbischen Gemeinden der Lausitz (großes Bild).

Die farbenprächtigen und kunstvoll bemalten Ostereier sind ein Markenzeichen der Lausitz. Ob gekratzt, geätzt oder bossiert: die Gestaltung setzt eine geübte und ruhige Hand voraus.

Osterreitens 1993 in Bautzen ziehen jedes Jahr rund 70 Osterreiter in einer knapp zweistündigen Prozession von der Liebfrauenkirche durch mehrere Orte bis in die rund 9 km entfernte Gemeinde Radibor. Bei der Rückkehr umrunden die Reiter drei Mal den Bautzener Dom, bevor an der Liebfrauenkirche ein Dankgebet das Osterreiten beendet.

Kunstvolle Ostereier

Auf Ostern in der Lausitz stimmen schon Wochen zuvor viele Märkte ein. Auf ihnen dreht sich alles um Ostereier, die schon seit dem Mittelalter geweiht oder aber für eine ertragreiche Ernte in die erste Garbe gebunden werden. Aus der Abgabepflicht der Zinseier entwickelte sich im 16. und 17. Jh. schließlich auch der Brauch des Eierschenkens. Liebende bedachten einst einander mit roten Ostereiern. Zudem erhält nach altem Brauch jedes Patenkind im Patengeschenk mit geflochtener Ostersemmel, Pfefferkuchen und einem Obolus für die Sparbüchse auch drei verzierte Eier – mit den besten Wünschen für Gesundheit, Glück und Wohlergehen bis zum nächsten Osterfest.

Die aufwendig verzierten sorbischen Eier gibt es seit der Zeit um 1700. Das Sorbische Kulturzentrum im kleinen Ort Schleife bewahrt in seiner Sammlung allein rund 1000 solcher Meisterwerke aus jüngster Zeit. Mittlerweile haben die vielfarbigen Ostereier weit über die zweisprachige Lausitz hinaus ihre Freunde gefunden – trotz ihres bisweilen stolzen Preises. Er ist vor allem der mühevollen Kleinarbeit geschuldet, in der aus gekochten oder ausgeblasenen Eiern mit viel Ausdauer, Fantasie und Geschick kunstvolle Unikate entstehen. Immerhin brauchen selbst geschickte Hände für ein einziges verziertes Osterei jeweils bis zu drei Stunden. Die kleinen Meisterwerke entstehen zumeist in Familientradition, aber auch in Vereinen und Schulen. Dabei wird die Verzierung zumeist gekratzt, geätzt oder in Wachsbatiktechnik aufgebracht. Seltener ist das Bossieren, also das Aufbringen von Mustern aus farbigem Wachs auf die Eierschalen.

Erst in jüngster Zeit wiederbelebt wurde in einigen Lausitzer Dörfern das Osterwasserholen: Schweigend gehen Mädchen am Ostersonntag vor Sonnenaufgang zur Quelle oder zum Fließ, um Wasser zu holen, das Gesundheit, Schönheit und ewige Jugend verspricht. Doch wenn das Schweigegebot gebrochen wird – etwa durch Burschen, die die Mädchen mit ihren Krügen unterwegs erschrecken –, verliert das Wasser seine wundertätige Wirkung und verwandelt sich in „Plapperwasser".

Seit 1680 ist die Gemeinde Rosenthal (heute Ralbitz-Rosenthal/Ralbicy-Róžant) Ziel der jährlichen Wallfahrt vieler sorbischer Pfarrgemeinden, die am Pfingstmontag stattfindet. Sie führt zu einer Marien-Wallfahrtsstätte, die von Zisterziensern betreut wird.

Alte Fruchtbarkeitsmythen standen einst Pate beim sorbischen Johannis-reiten, das noch bis ins 19. Jh. in mehreren Dörfern der Niederlausitz als großes Fest gefeiert wurde. Nach altem Volksglauben war der Johannistag drei Tage nach der Sommersonnenwende vom 21. Juni der größte Wunder-tag des Jahres: Am kirchlichen Gedenktag für Johannes den Täufer entfaltete die Natur ihre größte Kraft, die auch Wurzeln und Kräutern zu heilsamer Wirkung verhalf. Im Mittelpunkt des Johannisreitens steht die Maskengestalt des Jan, der nahezu vollständig in eine geflochtene Girlande aus Kornblumen gehüllt ist und eine Krone aus Seerosen, Rosen und Kartäusernelken trägt. Die vor Sonnenaufgang gepflückten Blüten haben angeblich Heilkraft und verbreiten Lebensfreude. Wenn der in seine Blumenmaskerade gehüllte Jan zum Dorfplatz reitet, versucht die Menge, ihn aufzuhalten und seines Schmucks zu berauben – denn die Blüten gelten als Glücksbringer. Wie die

Seit dem 17. Jh. ziehen die katholischen Sorben in Festtagstracht jedes Jahr an Pfingsten zur Wallfahrtskirche in Rosenthal, wo eine Marienstatue verehrt wird.

Passende Dekoration gehört bei jeder sorbischen Hochzeit dazu – mit Glückwünschen in sorbischer Sprache.

Eine traditionelle sorbische Hochzeit beginnt für die Braut schon sehr früh mit dem bisweilen mehrstündigen Anlegen der Tracht. Die hohe, zuckerhutförmige Mütze der Braut aus schwarzem Samt und mit einem Myrtenkranz ist zugleich ein Zeichen der Jungfräulichkeit.

meisten anderen Feste der Sorben klingt auch das Johannisreiten mit fröhlichem Tanz aus. Die Tradition ist heute allerdings nur noch in dem kleinen Dorf Casel am Gräbendorfer See bei Cottbus lebendig.

Von der engen Verbundenheit mit der Natur zeugen auch Erntebräuche in der Niederlausitz, die aus der einstigen Verehrung des Hahns als Symbol für Fruchtbarkeit und Wachstum entstanden. Beim Hahnrupfen ist am Querbalken einer mit Eichenlaub geschmückten Pforte kopfunter ein toter Hahn aufgehängt. Für die Reiter kommt es darauf an, beim Durchreiten dem Hahn Kopf und Flügel abzureißen. Wer den Kopf gewinnt, ist Sieger und wird als König gekrönt. Für die Flügel gibt es den zweiten und den dritten Platz. Anschließend wählen sich die Erntekönige mit verbundenen Augen aus den umherstehenden Mädchen in Festtagstracht ihre Königinnen für den Tanz einer Ehrenrunde.

Beim Hahnschlagen – einem weiteren Ritual zum Abschluss der Ernte – wurde bis zum 17. Jh. auf dem Feld ein Hahn freigelassen, um ihn dann wieder einzufangen und mit dem Dreschflegel totzuschlagen. Mittlerweile beschränkt man sich auf symbolische Schläge auf einen umgestülpten Topf.

Dann gibt es noch das Stollenreiten in Neu Zauche am Nordrand des Spreewalds, ein Wettreiten um einen großen Kuchen, das ursprünglich zu Pfingsten und als Vergnügen für unverheiratete Gäste bei Hochzeiten gehörte. Bei einer solchen Hochzeit hat der Hochzeitsbitter (Braschka) viel zu tun. Mit ihm berät man zunächst alles Organisatorische, etwa zur Bewirtung. Er führt Braut und Bräutigam in die Kirche. Der Zug bietet ein malerisches Bild, die Braut schmückt traditionell unter anderem ein hoher Samthut mit Myrtenkranz sowie grünen und weiße Bändern. Bräutigam, Hochzeitsbitter und meist auch andere Gäste tragen ehrwürdigen schwarzen Sonntagsstaat.

Der Spreewald ist auch die Heimat einer geheimnisvollen Welt voller sagenhafter Ereignisse und faszinierender Figuren. Nicht nur der Schlangenkönig und der Wassermann wohnen dort, sondern auch der Wendenkönig und die Mittagsfrau. Die große knochige Frau in weißem Gewand und mit scharfer Sichel soll einst urplötzlich in der Mittagshitze den Bauern und Knechten auf den Feldern erschienen sein. Doch wer von ihr in der Mittagspause beim Arbeiten erwischt wurde, konnte sein Leben nur durch einstündiges Berichten über den Flachsanbau retten. Der weise Kern des alten sorbischen Mythos liegt auf der Hand: Erzählen, um zu leben.

Nix und Ludki

Der Wassermann ist in der Niederlausitz der Nix. Der Sage nach verleitet er zusammen mit der Wasserfrau die Vorübergehenden zum Baden, um sie dann in sein Reich unter Wasser zu ziehen. „Den hat der Nix geholt", sagen die Menschen in der Lausitz, wenn jemand ertrunken ist. Auch an der Dorfmühle von Burg im Spreewald soll der Nix einst sein Unwesen getrieben haben. Zwischen den Fließen der Spree wimmelt es zudem von den „Ludki", kleinen und zumeist gutmütigen Wesen mit roten Mützen, und von Irrlichtern. Anders als die „Leutchen" sollen sie jedoch schadenfrohe Gnome gewesen sein, die Menschen so verblenden konnten, dass sie in die Irre gingen. Immerhin gibt es ebenso die Mär von hilfreichen Irrlichtern, die gelegentlich orientierungslos Umherirrenden wieder aus dem undurchdringlichen Spreewald heraushalfen.

Vom Oberlausitzer Hexenmeister Pumphut ist eine wundersame Geschichte aus dem Gebiet der Niederlausitz überliefert. Dorthin geriet er, als er wieder einmal auf der Flucht vor Häschern war. In der Nähe von Muskau folgte er im Neißetal bei Zelz dankbar der Einladung eines Müllers zu Speis und Trank beim „Radheben". Doch weil er dort nur altes Brot und schlechten Schnaps bekam, verzauberte er kurzerhand das Mühlrad, dessen Welle sich dann beim Einsetzen als zu klein erwies. Daraufhin holte ihn der Müller zurück und gab ihm reichlich zu essen und zu trinken. Als ihn ein Mädchen bat, das Rad wieder passend zu machen, gab sich Pumphut nachdenklich – und lenkte schließlich ein. Auch der zweite Wunsch des Mädchens, eine weiße Weihnacht, wurde erfüllt: Pumphut pustete am letzten Advent dicke Schneewolken aus dem Böhmischen über die Neiße. Fortan erinnerte sich das Mädchen an den wundersamen Müllersburschen voller Dankbarkeit.

Der Zauberer Krabat – lebendige Sagengestalt

Der Kinderbuchautor Ottfried Preußler hat ihn ebenso populär gemacht wie der sorbische Schriftsteller Jurij Brězan. Den einen ist Krabat ein sorbischer Faust, für andere ist er eine gewitzte Figur aus dem Alltag. Zu Hause ist er in der Schwarzen Mühle von Schwarzkollm bei Hoyerswerda (Bild). Nach der Sage geriet er dort als vierzehnjähriger Betteljunge an den schwarzen Müller, der ihn das Zauberhandwerk lehrte. Alljährlich erinnern in Schwarzkollm die Sommerfestspiele an Krabat, dessen Vorbild der kroatische Oberst Johannes Schadowitz (1624–1704) war.

Große Namen – prominente Lausitzer aus vergangenen Tagen

Mit der Lausitz sind die Namen bedeutender Persönlichkeiten aus Kunst und Literatur verbunden. Für manche war der Landstrich die Region ihrer Herkunft. Andere fanden dort den Lebensmittelpunkt oder verbrachten dort ihre letzten Lebensjahre.

Auf dem Nikolaifriedhof von Görlitz befindet sich das Grab des bedeutenden Mystikers und Philosophen Jakob Böhme.

Die Lausitzer hielten es mit Menschen, die heute zweifelsohne als „große Persönlichkeit" anerkannt sind, oft nicht anders als andere, man würdigte diese nicht immer gebührend, getreu dem Bibelmotto „Ein Prophet gilt nirgends weniger als in seinem Vaterland und in seinem Hause." (Mt 13, 57). So wurden Jakob Böhme, auf den unten näher eingegangen wird, von seinen Gegnern bei der Beisetzung im Jahr 1642 sogar die christliche Weihen verwehrt. Auch noch im vergangenen Jahrhundert finden sich vergleichbare Beispiele: Konrad Zuse ist heute geehrter Computerpionier. Hoyerswerda, wo er 1928 sein Abitur ablegte, widmete ihm ein kleines Museum. Dennoch hatte der Ingenieur und Erfinder in seinem Leben oftmals zu kämpfen, so musst er aus seiner Firma, der Zuse KG 1964 aufgrund von Überschuldung aussteigen. Und nicht jede bekannte Persönlichkeit war auch populär in einem positiven Sinne, dazu zählt etwa der Räuberhauptmann Johannes Karasek, dessen Versteck in der böhmischen Lausitz lag.

Gottsucher Jakob Böhme

Das einstige Wohnhaus des Görlitzer Schumachers und Gottsuchers Jakob Böhme (1575–1624) im alten Siedlungskern der Stadt liegt heute im polnischen Zgorzelec. Mit seiner rotleuchtenden Fassade über der Neiße ist es auch diesseits des Flusses weithin auszumachen, und über die wieder hergestellte Altstadtbrücke lässt sich das kleine Museum problemlos in einen Stadtrundgang einbeziehen. Erst 1924 wurde das Gebäude als Böhmes Wohnhaus wiederentdeckt. Seither erinnert dort eine Tafel an den „ersten deutschen Philosophen", wie Georg Wilhelm Friedrich Hegel seinen Vorläufer aus der Lausitz nannte.

In einer nachgebauten Schusterstube informieren Tafeln über Böhme, der aus Alt-Seidenberg im heutigen Polen stammte und ab 1599 in Görlitz lebte. Seiner Frau und den drei Söhnen war er nach den erhaltenen Überlieferungen wohl stets ein zuverlässiger und fürsorglicher Familienvater. Zudem las er viel in der Bibel. Wiederholte religiöse Visionen, schrieb er

Nach einem zeitgenössischen Bildnis fertigte der Künstler Pieter van Gunst fast 100 Jahre nach Böhmes Tod diesen Kupferstich an (oben).

Das ehemalige Wohnhaus von Jakob Böhme liegt im heute polnischen Teil der Görlitzer Altstadt am rechten Neißeufer (links).

später, hätten ihm „die Pforte eröffnet", um „das Wesen aller Wesen" und dessen göttlichen „Urgrund" zu erkennen. Seine philosophischen Überlegungen folgten der mittelalterlichen Mystik und sollten ursprünglich nur private Aufzeichnungen bleiben. Doch als dann doch 1612 seine Schrift *Aurora oder Morgenröte im Aufgang* erschien, war das Aufsehen groß. Denn der Mystiker stellte immer wieder auch die Frage nach Gut und Böse in der Welt. Was heute geradezu selbstverständlich ist, war im Jahrhundert der Reformation von großer Sprengkraft. Denn diese Fragestellung rührte nicht zuletzt auch kritisch an die neu entstehenden Kirchenstrukturen. Die lutherischen Obrigkeiten machten Böhme kurzerhand zum „Ketzer", der noch auf dem Sterbebett ein Kreuzverhör über sich ergehen lassen musste. Ein christliches Begräbnis blieb ihm versagt.

Jakob Böhme war sehr umstritten, er hatte treue Anhänger und vehemente Kritiker, die ihm vorwarfen, ein Häretiker zu sein.

Paul Gerhardt – von Berlin nach Lübben

Der lutherische Theologe Paul Gerhardt entwickelte sich gleichsam im Nebenberuf zu einem der wichtigsten deutschen Barockdichter (Kupferstich von Ludwig Buchhorn, entstanden vermutlich um 1800).

Den evangelischen Kirchenlieddichter und Pfarrer Paul Gerhardt (1607–1676) verbindet mit Lübben im Spreewald nicht seine Herkunft, sondern ein Karriereknick. Weil er in einem innerkirchlichen Streit zwischen Reformierten und Lutheranern auf seiner lutherischen Theologie beharrte, verlor er 1666 die Pfarrstelle an der Berliner Nikolaikirche. Drei Jahre später wählte ihn der Magistrat von Lübben an die dortige Nikolaikirche. Sie sollte für ihn die letzte Wirkungsstätte werden.

Das Grab im Altarraum der Kirche, die seit 1930 seinen Namen trägt, kann leider nicht mehr genau lokalisiert werden. Es wäre sowieso vermutlich längst vergessen, wenn sich der Prediger nicht nebenher mit 139 Liedern als Dichter in die Literaturgeschichte des Barock eingeschrieben hätte. Die klangvolle Sprache seiner Verse war schon zu Gerhardts Lebzeiten populär. Sie überlebte die Jahrhunderte vor allem in Melodien des Berliner Kirchenmusikers Johann Crüger, einem sorbischen Zeitgenossen aus Guben, und in den Bearbeitungen durch Johann Sebastian Bach im Jahrhundert danach. Gerhardt wollte aber im Zeitalter des Dreißigjährigen Krieges keineswegs nur fromme Zuversicht verkünden: Kaum ein anderer Text der damaligen Zeit hat die Schönheit der Natur so einfühlsam besungen wie sein heiteres Morgenlied *Geh aus, mein Herz, und suche Freud*. Jahrhunderte später erwies Erwin Strittmatter dem Lied eine literarische Reverenz, als er im *Laden* von einer Überlandtour der Großmutter erzählte: „Der Wagen rappelt und rasselt über die hartgepflasterte Straße. Die Alte ist glücklich und fängt nach einer Weile an zu singen. Großvater lauscht wie ein Kavalleriepferd auf die Militärkapelle. Er macht selber kleine Liedchen und krittelt, wenn Großmutter Lieder singt, die andere Leute gemacht haben …"

Gotthold Ephraim Lessing – Dramatiker aus Kamenz

Der Dramatiker Gotthold Ephraim Lessing hat die Entwicklung des deutschen Theaters wesentlich beeinflusst.

Der aus Bulgarien stammende, in Wien lebende deutsche Schriftsteller Ilija Trojanow nannte Gotthold Ephraim Lessing (1729–1781) zurecht einen Kosmopoliten. Geboren wurde dieser Weltbürger jedoch in der Provinz im sächsischen Kamenz, in der Lausitz also. Die Taufe fand in der Marienkirche, der Hauptkirche der 30 km von Bautzen entfernten heutigen Großen Kreisstadt statt, der Vater war an der dortigen lutherischen Kirchengemeinde Archidiakon. Die Mutter, Anna Dorothea, war als Tochter des Bürgermeisters ebenfalls in Kamenz verwurzelt.

Nachdem der junge Lessing zunächst vom eigenen Vater unterrichtet worden war, besuchte er die Lateinschule vor Ort. Lateinschulen bereiteten auf das Studium vor, denn Latein war Sprache der Wissenschaften und insbesondere der Theologie. Danach beginnt Lessings Weg in die Welt. 1737, im Alter von 8 Jahren, kam er an die Fürstenschule nach Meißen, 1764 ging er zum Studium nach Leipzig. Dort fand der kommende Schriftsteller aber mehr Gefallen an Disputen mit einem Mathematiker sowie an philosophischen Debatten und am Theater. Während ihm 1748 die Truppe um die Theaterreformerin Caroline Neuber mit seinem Jugendstück *Der junge Gelehrte* einen ersten Bühnenerfolg bescherte, machte ihn eine Satire auf den theaterfeindlichen Vater in der Pastorenfamilie zum schwarzen Schaf. Im Sommer 1748 sahen ihn die Universitäten von Leipzig und Wittenberg als Medizinstudenten, bevor er in Berlin Mitarbeiter der Vossischen Zeitung wurde. Lessing lernte bedeutende Geistesgrößen seiner Zeit kennen, darunter den jüdischen Philosophen Moses Mendelssohn und den Verleger Friedrich Nicolai. Ruhelosen Jahren unter anderem mit einer abgebrochenen Europareise und dem Posten eines Gouvernementssekretärs in Breslau folgte 1767 der Ruf als Dramaturg nach Hamburg. Doch das vielversprechende Projekt des Nationaltheaters scheiterte bereits nach nicht einmal zwei Jahren. So folgte Lessing schließlich 1770 einem Angebot des Braunschweiger Erbprinzen Karl Wilhelm Ferdinand als Bibliothekar an die Bibliotheca Augusta in Wolfenbüttel. Seine Stücke – von *Emilia Galotti* über *Miß Sara Sampson* und *Minna von Barnhelm* bis zum Toleranzdrama *Nathan der Weise* – gehören in den Theatern auch heute noch zum Repertoire.

Carl Blechen – Landschaftsmaler aus Cottbus

Als 1913 in Cottbus Kunstliebhaber eine Sammlung mit Arbeiten des Landschaftsmalers Carl Blechen (1798–1840) anlegten, kam ihnen zweifellos der Zeitgeist des Impressionismus zugute. Plötzlich erwies sich Blechens Malweise, in der Zeitgenossen häufig nur eine „wilde Kleckserei" sahen, als modern. Mittlerweile gilt er neben dem großen Romantiker Caspar David Friedrich als bedeutendster Vertreter der deutschen Landschaftsmalerei in der ersten Hälfte des 19. Jh. Dabei blieben Blechen nicht viel mehr als nur 15 Jahre für sein künstlerisches Gesamtwerk, zu dem die Dauerausstellung in Schloss Branitz einen anschaulichen Einblick ermöglicht.

Der gelernte Bankkaufmann Blechen ging 1822 aus seiner Heimatstadt Cottbus an die Königliche Akademie nach Berlin, wo ihn zwei Jahre später Karl Friedrich Schinkel als Bühnenmaler an das neue Königsstädter Theater am Alexanderplatz vermittelte. Sein eigentliches Talent entdeckte Blechen 1828/29 auf einer ausgedehnten Reise durch Italien, als deren wichtigster künstlerischer Ertrag das Amalfi-Skizzenbuch gilt. Die mehr als 60 Blätter aus einer sonnendurchfluteten Landschaft entstanden bei einer zehntägigen Küstenwanderung. Die Begeisterung Blechens für den mediterranen Süden mit seinem

In düster-romantischer Atmosphäre gestaltete der Maler Carl Blechen die Klosterruine Oybin bei Zittau in der Oberlausitz um 1822.

In Ernst Ritschels Geburtsstadt Pulsnitz hat ihm sein bedeutendster
Schüler Gustav Kietz im Jahr 1891
ein Bronzedenkmal gesetzt.

unvergleichlichen Wechselspiel von Licht und
Schatten stand jedoch im krassen Gegensatz zur
Ablehnung seiner Malerei durch das heimische
Publikum. Im letzten Lebensjahrzehnt mit Lehrtä-
tigkeit, Ausstellungen und weiteren Reisen unter
anderem in den Harz und nach Paris wurden denn
auch immer häufiger Depressionen zu ständigen
Begleitern. In geistiger Umnachtung starb Blechen
im Sommer 1840 in Berlin – noch nicht einmal 42
Jahre alt.

Der Bildhauer Ernst Rietschel

Seine Denkmäler stehen in ganz Deutschland.
Standbilder von Geistesgrößen und allegorischen
Figuren machten Ernst Rietschel (1804–1861) zu
einem der bedeutendsten deutschen Bildhauer.
Dabei sollte der Sohn eines Handschuhmachers in
der Lausitzer Pfefferkuchenstadt Pulsnitz eigentlich
Kaufmann werden. Die Lehrausbildung quittierte er
jedoch schon nach acht Wochen, um als Sechzehn-
jähriger an die Dresdner Kunstakademie zu gehen.
Dort erhielt er nicht nur Geldprämien für seine
Zeichnungen, sondern auch einen entscheidenden
Karrieretipp: Er wurde Modelleur in der renommierten Eisengießerei von Lauchhammer und von
dort aus Meisterschüler des berühmten Bildhauers
Christian Daniel Rauch in Berlin. Der Meister zeigte
sich besonders beeindruckt von Rietschels „schönen
mit Wahrheit und Eigentümlichkeit gezeichneten Studien des Nackten".
Schon wenig später lobte Rauch „Talent und guten Willen" des empfohlenen
jungen Bildhauers.

Dieser ging nach einer fünfmonatigen Reise 1830/31 durch Italien als 28-
jähriger Professor an die Akademie in Dresden. Zum Markenzeichen der von
ihm maßgeblich geprägten Dresdner Schule wurden Denkmäler mit Stand-
bildern voller Natürlichkeit und ohne jedes aufgesetzte Pathos. Davon leben
seine Arbeiten für die Walhalla, die Dresdner Semperoper und das 1968
gesprengte Augusteum der Leipziger Universität ebenso wie das Lessing-
Denkmal in Braunschweig und das monumentale Reformationsdenkmal in
Worms. Eine Kopie der Luther-Figur ziert heute den Dresdner Neumarkt mit
der wieder aufgebauten Frauenkirche. Das wohl bekannteste Rietschel-
Denkmal indes steht vor dem Deutschen Nationaltheater in der Thüringer
Kulturstadt Weimar – das 1857 enthüllte Doppelstandbild des klassischen
Dichterpaares Johann Wolfgang Goethe und Friedrich Schiller.

Erwin Strittmatter – Chronist der Lausitz

Der Schriftsteller Erwin Strittmatter (1912–1994) hat das literarische Bild von der Lausitz im 20. Jh. wie kein anderer geprägt. Symbol dafür ist das kleine Museum im einstigen Krämerladen der Familie in Bohsdorf bei Spremberg, dem Strittmatter mit der Trilogie *Der Laden* (1983/92) ein bleibendes Denkmal setzte. Spätestens mit der erfolgreichen Verfilmung von 1998 war der Autor, dessen Kindheit und Jugend untrennbar mit dem sorbischen Dorf verbunden sind, endgültig in der gesamtdeutschen Literaturlandschaft angekommen. Daran konnten später weder die Diskussionen um Spitzeldienste für die DDR-Staatssicherheit noch um seine Biografie im Zweiten Weltkrieg etwas ändern. In der DDR war Strittmatter für viele jedenfalls eine Institution.

Generationen von Schulkindern mussten sein Kinderbuch *Tinko* (1954) lesen, sollten dabei aber nicht über das Schicksal der beschriebenen Vertriebenenfamilie nachdenken, sondern über die „sozialistische Umgestaltung auf dem Lande". Seit 1954 lebte Strittmatter in Schulzenhof, einem ländlichen Idyll nördlich von Berlin, das ihm mehr bedeutete als die Geschäftigkeit einer Großstadt. Im Jahr 1955 erhielt der Autor für *Tinko* den Nationalpreis der DDR. Diskussionen gab es immer wieder um die kantigen Typen seiner großen Romane – vom Erstling *Ochsenkutscher* (1951) über *Ole Bienkopp* bis zur Trilogie *Der Wundertäter*, die Strittmatter 1957 begann und erst über zwei Jahrzehnte später, 1908, abschloss. Bisweilen drohte die DDR-Zensur sogar mit einem Publikationsverbot. Gleichwohl verstand sich Strittmatter stets als Kommunist. Zwar ging er gelegentlich mit der Ost-Berliner Kulturbürokratie hart ins Gericht. Doch bei aller Kritik stand er prinzipiell immer treu zu seinem Staat.

Der einstige Krämerladen der Familie Strittmatter in Bohsdorf hat tatsächlich existiert und ist heute nahezu unverändert in der Gedenkstätte Erwin Strittmatter zu besichtigen. Dort verbrachte der Schriftsteller seine Kindheits- und Jugendjahre.

Schlemmen in der Lausitz –
Leinöl, Gurken und Wein

Die Küche der Lausitz ist herzhaft und bodenständig. Sie lebt von der Kunst, einfache Dinge in Köstlichkeiten zu verwandeln. Und Lausitzer Wein entspringt keineswegs einem modischen Zeitgeist, sondern einer alten, aber erst jüngst wiederbelebten Tradition.

Für den Schriftsteller Erwin Strittmatter stand es außer Frage: „Pellkartoffeln und Leinöl sind ein Haupt- und Fest-Essen im Lande Bossdom", beschied er kategorisch in seinem Erfolgsroman *Der Laden*. Komplett ist das Lausitzer „Nationalgericht" jedoch erst mit Quark, der durchaus mit etwas Sahne verfeinert werden kann und dessen Geschmack durch fein gehackte Zwiebeln und Schnittlauch sowie Salz und Pfeffer abgerundet wird. Der cremige Quark dient im Übrigen nicht nur als Beilage zu Kartoffeln, sondern auch als Brotaufstrich. Ursprünglich war das Lausitzer Hauptgericht ein Armeleute-Essen, bei dem auf den Tisch kam, was von den Heidebauern ohne größeren Aufwand zu beschaffen war: Kartoffeln lieferten die kargen Äcker, Quark und Milch kamen von der Viehwirtschaft. Und Flachs, die Leinpflanzen mit den kleinen Samenkörnern für das Leinöl, wuchs einst nahezu überall auf den Feldern.

Die sauer eingelegten Spreewaldgurken sind eine bekannte Spezialität, schmecken aber nirgends so gut wie frisch von einem Marktstand im Spreewald selbst, etwa in Lübbenau.

Bis heute hat das aromatische und dabei gesunde Öl seinen vorderen Platz auf dem Speisezettel der Lausitz behauptet – und dies in zahlreichen Varianten. Seine Verwendung als Stippe zu frischen Brötchen mit Zucker oder Salz ist durchaus mit dem mediterranen Olivenöl zum Baguette vergleichbar. Eine Köstlichkeit sind auch in frische Kräuter und Leinöl eingelegte Schafskäsewürfel. Das Öl gehört in den Spreewälder Quarkkuchen und in den Zwiebelkuchen, aber auch in die Lausitzer Fischküche. Doch anders als die Heringsstippe oder der Saure Hering kommt der „Blinde" Hering ganz ohne Fisch aus: Die Sauce aus saurer Sahne, Leinöl, Zwiebeln, Gewürzkörnern und Lorbeerblatt sowie mit Pfeffer und Salz ergibt zusammen mit Pellkartoffeln eine schnelle und köstliche Mahlzeit.

Selbstredend ist auch ein zünftiger Gurkensalat ohne einen kräftigen Schuss Leinöl nur eine halbe Sache. Doch Gurken als die typische Spezialität kommen auch in

Zur traditionellen Lausitzer Küche gehören unbedingt gefüllte Schmorgurken (links), hier vegetarisch gefüllt und mit Schafskäse überbacken, und Quark mit Leinöl und Kartoffeln (oben). Diese schmackhafte Gericht bekommt man auch in den zahlreichen Gartenlokalen im Spreewald serviert.

zahlreichen anderen Varianten auf den Tisch. Die cremige Spreewälder Gurkensuppe wird mit gerösteten Semmelstückchen serviert, während Schmorgurken mit saurer Sahne oder Schmand zu Kartoffeln gereicht werden. Bekannt sind die Spreewald-Gurken vor allem aber in ihrer eingelegten Form als Salz-, Knoblauch-, Senf- oder Gewürzgurken. Allerdings lösten die knackigen Säuerlinge nach der Wiedervereinigung einen handfesten gesamtdeutschen Streit aus. Er galt der einzig wahren Spreewaldgurke und entzündete sich an der Herkunftsbezeichnung Spreewald, die auf dem nunmehr freien Markt zum Sammelbegriff für dieses und jenes zu werden drohte. Die jahrelange Auseinandersetzung um die einstige DDR-Mangelware landete schließlich vor dem Europäischen Gerichtshof in Luxemburg, der 1999 im Sinne der regionalen Spezialität entschied. Seither gilt: Wo Spreewald draufsteht, muss auch wirklich Spreewald drin sein – von der Gurke bis zu den Kräutern in dem würzigen Aufguss nach streng bewahrten Familienrezepten der jeweiligen Hersteller in und um Lübbenau.

Kaum irgendwo sonst dürfte es so viele verschiedene Gerichte mit Gurken geben wie im Spreewald.

Zu den Restaurants, die sich in der Lausitz auf sorbische Küche spezialisiert haben, gehört das *Wjelbik* (Gewölbe) in Bautzen. Die Wirtin empfängt die Gäste mit einem fröhlichen „Witajće k nam!" (Herzlich willkommen) und stellt das bestellte Getränk auf einen Bierdeckel mit einem zünftigen Wort des sorbischen Dichters Jakub Bart-Ćišinski (1856–1909): „Was wären wir ohne Bier, und was wäre die Welt ohne uns?" Die Wirtsleute des *Wjelbik* wollen so die eigene Verwurzelung auch in der Gastronomie aufzeigen. Die

Der Spreewald ist auch eines der Hauptanbaugebiete des Meerrettichs. Bevor aus dem erdigen Wurzelgemüse (unten) zartwürziger Meerrettichschaum für den Tafelspitz wird (rechts), sind aufwendige Arbeitsschritte nötig.

heute gewohnte Vielfalt habe es früher nicht gegeben, sagen sie. Das erlesene Angebot ihres Hauses ist deshalb stets auf regionale Zutaten und deren variantenreiche Zubereitung ausgerichtet.

Undenkbar ist die Küche von Lausitz und Spreewald ohne den Meerrettich. Das scharfe Wurzelgemüse verfeinert Sahnesaucen ebenso wie Tafelspitz oder Schnitzel. Es lässt sich zu Cremesuppen, mit Quark zum pikanten Brotaufstrich und mit Mandeln zu Cremes beispielsweise für Wildgerichte verarbeiten. Kartoffelpüree mit Tafelmeerrettich passt hervorragend zu einem kräftigen Eisbein. Auch ein Schlachtfest ist ohne frischen und geriebenen Meerrettich kaum denkbar. Besonders oft wird Sahne- oder Tafelmeerrettich für Fischgerichte verwendet. Eine vergleichsweise einfache Variante ist das Einreiben von Fischfilet, bevor es paniert und in der Pfanne goldbraun gebraten wird. Anspruchsvollere Rezepte sind Lachsfilets mit Meerrettichkruste und Rote-Bete-Püree, eine Matjes-Meerrettich-Sülze oder eingelegte Barsche, die mindestens drei Tage lang in einem Sud aus Stangenmeerrettich sowie Möhren, Zwiebeln, Essig, Lorbeerblättern und anderen Gewürzen ziehen müssen. Desweiteren gehört Meerrettich zu diversen Karpfenvariationen ebenso wie zu Hecht in Sahnesauce, als Sahne-Meerrettich-Schaum zu Fischfilet im Blätterteig oder zu frischem Räucherfisch mit Sekt. Dass bei allen diesen Gerichten der Fisch aus den fischreichen Gewässern der Lausitz kommt, versteht sich von selbst.

Der Anbau von Meerrettich war im 18. Jh. für die Spreewald-Bewohner eine Quelle des Wohlstands. Große Lastkähne brachten das scharfe Wurzelgemüse auf dem Wasserweg direkt bis nach Berlin, Stettin und Dresden und

Für Pfefferkuchen ist in Pulsnitz das ganze Jahr über Saison

Das Privileg ist über 450 Jahre alt. 1558 wurden die Bäckermeister von Pulsnitz angehalten, zur Linderung der „gemeinen Notdurfft" auch „Pfefferkuchen" zu backen – Gebäckstücke also mit fremdländischen Gewürzen, die einst allesamt Pfeffer genannt wurden. In den Pulsnitzer Honig- oder Sirupteig kommen seit alters u. a. Zimt, Kardamon, Koriander, Anis, Muskatblüte, Ingwer und Nelken. Den unverwechselbaren Geschmack des Backwerks bringt jedoch immer erst eine Prise Familiengeheimnis in die Rezeptur. Wie aus den einzelnen Zutaten fertige Pfefferkuchen werden, können die Besucher der kleinen Schauwerkstatt am Pulsnitzer Markt selbst ausprobieren: Während der gut abgelagerte Teig direkt von Pfefferküchlern aus dem Ort kommt, ist beim Ausformen und Verzieren das Geschick jedes einzelnen kleinen oder großen Hobbybäckers gefragt. Dabei weckt der unverkennbare Duft in der Backstube und dem benachbarten Museum umgehend die Erinnerung an längst vergangene Kindheitstage in der Vorweihnachtszeit. Pfefferkuchen waren ursprünglich allerdings kein Weihnachtsgebäck, sondern das ganze Jahr über zu haben. Die Pfefferkuchenbäcker verkauften sie auf Jahrmärkten und Messen und sicherten sich so Absatz und Arbeit. Um 1939 setzten in Pulsnitz noch etwa 30 Pfefferküchlereien die zum Teil langen Traditionen ihrer Familien fort. 1998 schließlich brachte die Neuordnung der deutschen Handwerksordnung den Pfefferküchlern die lange verweigerte Anerkennung als regionaltypisches Handwerk.

Nicht nur zur Weihnachtszeit sind die Pfefferkuchen aus Pulsnitz eine begehrte Leckerei. Bei der Gestaltung der Pfefferkuchenfiguren sind der Fantasie kaum Grenzen gesetzt.

In und um Lehde stapeln sich zur Erntezeit um die Häuser Kürbisse, die zu schmackhaften Gerichten und Kernöl verarbeitet werden (rechts). Für die gesunde Kürbissuppe kennen die Spreewälder zahlreiche Rezeptvarianten (unten).

im vorigen Jahrhundert in Fässern und Kisten sogar bis nach Amerika. Seiner Schärfe wird zugleich eine gesundheitsfördernde Wirkung zugesprochen. Der hohe Gehalt an Vitamin C und wichtigen Mineralien wie Kalzium, Magnesium und Phosphor sollen besonders gut gegen Rheuma, Gicht und Diabetes helfen.

Manche nennen sie scherzhaft „Spreewaldananas", gemeint sind die Kürbisse, die im Spreewald wie in der ganzen Lausitz neben Gurke, Meerrettich, Kohl, Karotten und Kartoffeln gerne angebaut werden. Kürbissuppe ist da nicht das einzige leckere Gericht, zu dem diese gesunde Felddfrucht mit seinem hohen Vitamin-E-Gehalt verarbeitet werden kann. Und das nussige Kürbiskernöl dient der Verfeinerung nicht nur von Salaten.

Dass in Deutschland Whiskys gebrannt werden, ist vielen nicht bekannt, domieren doch Whiskys und Whiskeys schottischer, irischer und nordamerikanischer Herkunft. Dabei hat der Autor der *Whisky-Bibel*, der Engländer Jim Murray, dem aus dem Spreewald stammenden Single-Malt-Brand Sloupisti mit 94 von 100 möglichen Punkten im Jahr 2011 eine wirklich exzellente Bewertung gegeben.

Auf dem aufsteigenden Ast: Lausitzer Wein

Damit soll aber nicht Schluss sein mit den alkoholischen Überraschungen. Neben den Whisky gesellt sich nun auch noch Wein. Was dem Außenstehenden wie ein modischer Spleen erscheinen mag, hat indes durchaus seine historische Berechtigung. Denn mit der Ostkolonisation im 12. und 13. Jh. kam auch der Weinbau vom Rhein in die Lausitz. Im Schlossmuseum von Senftenberg lässt eine 2,40 m hohe Weinpresse aus dem 19. Jh. auf beträchtli-

che Erträge im damaligen Anbaugebiet zwischen Schipkau und Reppist schließen. Zwar kursierte um 1750 ein wenig schmeichelhaftes Urteil, wonach märkischer Wein in der Kehle schmeckte, „als schluckt' man eine Säge rein". Gleichzeitig aber hieß es, er sei „bei warmen Jahren von einem guten Geschmack". Besonders werde der weiße, „je länger er liegt, je besser und stärker, auch oftmals dem ausländischen Franken und andern Weinen gleich gehalten". Weil jedoch im 19. Jh. der Zeitgeschmack zum Bier wechselte, Schädlinge und kalte Winter den Rebstöcken heftig zusetzten und das neue Transportmittel Eisenbahn immer mehr auswärtige Weine preisgünstig in die Region brachte, kam der Lausitzer Weinbau schließlich zum Erliegen. Das gleichsam abgebaggerte Wissen um diese Tradition legten engagierte Enthusiasten erst nach 1990 Schritt für Schritt wieder frei. Winzer von Saale und Unstrut halfen dabei, den Weinbau an historischen Orten wie Luckau, Neuzelle oder Jarischke und auf rekultivierten Kohleflächen wie am Rand des Tagebaus Welzow-Süd wiederzubeleben.

Wenn die Neuwinzer mit Weinproben durch die Dörfer ziehen, treffen sie immer wieder auf ein durchwachsenes Echo. Ein Fischer aus Peitz beispielsweise befand, der weiße „Granoer Johanniter" passe „gut zu unseren Karpfen". Eine Maschinistin im Museumskraftwerk Plessa urteilte zum „Ortrander Regent Rosé": „Wenn ich noch fünf Schlucke trinke, dann ist er auch süß für mich."

Noch stehen die Lausitzer Reben freilich am Anfang. Weine mit Herkunftsbezeichnungen wie der Rote Riesling vom Wolkenberg, der Regent vom Klosterberg Scheibe oder der Müller-Thurgau aus Schlieben sind vorerst mehr nur unter Kennern ein Begriff. Doch spricht vieles dafür, dass man sich den Wein aus dem einstigen Kohlerevier dereinst merken muss.

Verschiedene weiße Rebsorten werden seit 2010 in neu entstandenen Hanglagen am Tagebau Welzow-Süd angebaut. Insgesamt sind es 26 000 Rebstöcke auf 6 ha. 2012 konnte erstmals geerntet werden. Wie der erzeugte Wein schmeckt, muss sich erst noch zeigen.

Blick über die Grenzen – die böhmische und die polnische Lausitz

Die historische Lausitz jenseits der deutschen Grenzen ist nach dem Zweiten Weltkrieg aus dem Blick geraten. Doch im neuen Europa der Regionen wächst wieder das Interesse an Städten und Landschaften in Nordböhmen und östlich der Neiße.

Die böhmische Lausitz haben Wanderer und Ausflügler längst wieder für sich entdeckt. Seit der Auflösung des sogenannten Ostblocks steht grenzüberschreitenden Touren über das Zittauer Gebirge hinweg nach Tschechien im buchstäblichen Sinne nichts mehr im Wege. Der waldreiche Höhenzug zwischen der Böhmischen Schweiz und dem Jeschkengebirge offenbart seinen einzigartigen Reiz; die Deckschicht aus Sandstein wurde verschiedentlich von Gestein vulkanischen Ursprungs durchbrochen. Dort, wo das Magma den Sandstein aufschmolz, wurde dieser verdichtet und verfestigt. Solche Sandsteinpartien widerstehen der Verwitterung eher, sie bleiben teils säulenartig und pittoresk stehen.

Da beeindruckt die Schönheit einer teils unberührten Natur, keine geringe Rolle spielen auch die Jahrhunderte gemeinsamer Geschichte von Deutschen und Tschechen. Dabei stimmen die historischen Zeugnisse am Wegesrand den Besucher bisweilen nachdenklich. Im Schluckenauer Zipfel mit seinen 14 alten Kreuzwegen etwa sind die hinfällige Wallfahrtskapelle auf dem Jáchym (Joachimsberg) und andere zerstörte Kirchen untrügliche

Beim alten böhmischen Dorf Christophsgrund, das malerisch an der Grenze zwischen Lausitzer- und Jeschkengebirge liegt, überspannt ein 110 Jahre alter Viadukt das Tal mit 14 Bögen. Er ist seit der Inbetriebnahme im Jahr 1900 ein Wahrzeichen der Gegend. Zum Zeitpunkt der Aufnahme befuhr ein Museumszug die Strecke Liberec–Česká Lípa.

Zeichen dafür, dass nach 1945 mit der Vertreibung der Deutschen auch das katholische Leben in der Region an Bedeutung verloren hatte. Anderes steht glänzend da, so erhielt das Städtchen Jiřetín pod Jedlovou, von sächsischen Bergleuten im 15. Jh. als St. Georgenthal gegründet, 1998 zu Recht einen Denkmalschutzpreis.

Der nahegelegene Jedlová (Tannenberg) war im 18. Jh. der Lieblings-gipfel des legendären Räuberhauptmanns Johannes Karasek. Auf dem dritt-höchsten Berg des Lausitzer Gebirges bietet seit 1891 ein Aussichtsturm, an dem architektonische Details den Umgebindehäusern der Oberlausitz nach-empfunden sind, einen imposanten Rundblick über weite Täler und Bergeshöhen. Nur wenige Kilometer entfernt markiert eine der am besten erhaltenen Burg-ruinen im Lausitzer Gebirge den Verlauf der alten Handelsstraße nach Prag. Die mittelalterliche Burg Tollenstein (Tolštejn) entstand einst aus der Befesti-gung von zwei Felsnasen.

Teils unberührt wirkt die Natur der östlichen Lausitz, von Krieg und Zerstörung erzählen viele Ruinen.

Als eines der reizvollsten Dörfer im Lausitzer Gebirge gilt der kleine Ort Christophsgrund (Kryštofovo Údolí). Entlang der Dorfstraße erinnern zahlreiche Schrotholz- und Umgebindehäuser an die slawische Vorgeschich-te der Siedlung an der Grenze zwischen dem Lausitzer und dem Jeschken-gebirge. Der Kammweg in unmittelbarer Nähe verbindet seit mehr als 100 Jahren das Erzgebirge und das Elbsandsteingebirge über den 1012 m hohen

Das sanierte Kavaliershaus des einstigen Brühlschen Schlosses im im polnischen Städtchen Brody – ehemals Pförten – wird heute als Hotel genutzt (ganz oben). Im Schlosspark lassen klassizistische Skulpturen den früheren Glanz erahnen (oben).

Jeschken (Ještěd) und das Riesengebirge mit dem östlichsten Teil der Sudeten, dem Altvatergebirge (Hrubý Jeseník).

Der östliche Teil der historischen Lausitz kam mit der neuen Grenze an Oder und Neiße nach dem Zweiten Weltkrieg als Łużyce an Polen. Mit der Vertreibung der deutschen Bewohner verloren Orte und Landschaften ihre alten Namen. Sie wurden für die Vertriebenen auf Fotos, Bildern, Ansichtskarten und in der persönlichen Erinnerung zum schmerzlichen Symbol für den Verlust der Heimat. Gleichzeitig verblasste mit den neuen polnischen Ortsnamen auf beiden Seiten das Wissen um die jahrhundertelange Lausitzer Geschichte zwischen Neiße und Bober, dem „Biberfluss" aus der Frühzeit der slawischen Besiedlung.

Die Vergangenheit ist wieder aktuell

Erst seit dem Ende der europäischen Teilung wächst wieder das Interesse an der Vergangenheit. Auf besondere Weise wird diese Neugier sichtbar in dem kleinen Städtchen Brody, dem früheren Pförten nur wenige Kilometer hinter der deutsch-polnischen Grenze bei Forst. Dort erinnert eine imposante Schlossruine an den sächsischen Reichsgrafen Heinrich von Brühl (1700–1763), der das stattliche Anwesen im 18. Jh. zu einem repräsentativen Adelssitz umgestalten ließ. Pförten gehörte mit 60 Dörfern als eines der ältesten und größten Landgüter der Niederlausitz seit 1635 zu Sachsen. Der sächsische Graf, der für seinen prunkvollen Lebensstil als graue Eminenz unter August dem Starken weithin bekannt war, machte das Schloss fernab von Dresden zum bevorzugten Ort für seine Amtsgeschäfte. Den weitläufigen Schlosspark mit angrenzendem See und zwei Kavaliershäusern zierte er mit Sandsteinfiguren des Dresdner Hofbildhauers Gottfried Knöffler.

Doch der Siebenjährige Krieg (1756–1763) setzte dem höfischen Leben in Pförten ein jähes Ende. Nachdem Friedrich der Große das Schloss des ihm verhassten Grafen 1758 hatte niederbrennen lassen, wurde es erst ab 1919 wieder aufgebaut. Seit der erneuten Zerstörung nach dem Zweiten Weltkrieg präsentiert sich die Anlage wiederum als Ruine, die polnische Denkmalschützer jedoch mittlerweile vor weiterem Verfall sicherten. Dem großenteils verwilderten Schlosspark widmen sich seit 2009 bei deutsch-polnischen Parkseminaren jeweils hunderte Helfer mit dem Ziel, das historische Ambiente schrittweise wieder herzustellen. Das vierte Parkseminar fand zum 250. Todestag des Grafen von Brühl statt, der nach seinem Tod 1763 in der Stadtkirche zu Forst beigesetzt wurde.

In der Nähe von Brody ist in Biecz, dem früheren Beitsch, eine Dorfkirche des Barockbaumeisters George Bähr (1666–1738) zu entdecken. Dessen Frauenkirche in Dresden ist jedoch zweifellos bedeutender und berühmter. Das historische Pförten markierte einst mit Forst und Guben die Eckpunkte des „Alten Landes", das als Ausgangspunkt der Bewirtschaftung der Lausitz durch die Slawen gilt. „Die Gegend um Guben ist schön, fruchtbar und hat üppige Täler und Berge. Daher gelingt auch der Obstbau vorzüglich", beschrieb der Dresdner Pädagoge Karl August Engelhardt 1810 die Gegend. Der Boden ist ausgesprochen fruchtbar. In dieser Lausitzer Getreideregion wuchsen ferner auch Flachs, Hanf, Hopfen, Tabak und Kartoffeln.

Das sanierte Forster Tor von 1748 ließ Graf Brühl anlässlich eines Besuches des polnischen Königs August III. in Pförten errichten.

Der Weg ins heute polnische Brody führt teilweise über nostalgische Alleen mit Kopfsteinpflaster.

Von Guben, dem einstigen „Paradies der Niederlausitz", kam die Altstadt 1945 als Gubin zu Polen. Für den reisenden Pfarrer Christian Gottlieb Schmidt war die Stadt 1789 einer der wenigen Orte, für die der ansonsten eher kritische Geist wohlwollende Worte fand. Den Besucher erwarte dort „ein lachendes Tal, durchschlängelt von einem Fluss, malerisch durch die zerstreut zwischen Feldern, Wiesen, Weinbergen und Gärten liegenden Wohnungen der Stadt und nachbarlichen Dörfer, mit sichtbaren Spuren einer höhern Kultur und Wohlhabenheit". Das meiste davon lag jedoch nach dem Zweiten Weltkrieg in Schutt und Asche. Die westliche Vorstadt suchte in der DDR als Geburtsort des ersten und einzigen Ost-Berliner Staatspräsidenten Wilhelm Pieck eine neue Identität als „Wilhelm-Pieck-Stadt Guben". Im historischen Gubin ist die Ruine der spätgotischen Stadtkirche bis heute ein Ort der Mahnung und des Gedenkens an die Kriegsopfer. Seit 2005 bemüht sich ein Förderverein um den Wiederaufbau.

Schwieriger Neubeginn nach 1945

Aber nicht nur in Guben haben die heftigen Kämpfe am Ende des Zweiten Weltkrieges schmerzhafte und bleibende Wunden geschlagen. Die Lausitz jenseits der Neiße war im Frühjahr 1945 eines der Hauptschlachtfelder, auf denen die heranrückende Rote Armee die deutschen Truppen in verlustreichen Kämpfen zurückdrängte. Der Wiederaufbau folgte mehr den damaligen Erfordernissen und den Vorstellungen von Modernität als dem historischen Gesicht der zerstörten Städte. Gleichwohl ist besonders in den vergangenen Jahren das Bemühen nicht zu übersehen, mit behutsamen Rekonstruktionen im jeweiligen Stadtbild an die Entwicklung vor dem Krieg anzuknüpfen.

In der heute polnischen Altstadt von Guben erinnert die Kirchenruine neben dem Rathaus wie ein Mahnmal an die Zerstörungen im Zweiten Weltkrieg.

Sorau, eine der ältesten slawischen Städte in der Region, wurde zu Żary und versteht sich nunmehr selbstbewusst als Hauptstadt der polnischen Lausitz. In der modernen Fußgängerzone verweist eine Bank mit einer Bronzeplastik auf die einstige Residenzkultur am Hofe der Grafen von Promnitz: Die Plastik zeigt den aus Magdeburg stammenden Komponisten Georg Philipp Telemann, der von 1704 bis 1709 Hofkapellmeister in Sorau war. „Das glänzende Wesen dieses auf fürstlichem Fuß neu eingerichteten Hofes munterte mich zu feurigen Unternehmungen, besonders in Instrumentalsachen", schrieb der Musiker später in seiner Autobiografie. In Sorau habe er etwa 200 Ouvertürensuiten komponiert und aufgeführt. Erdmann von Promnitz war Höfling von August dem Starken, und der Sorauer Hof galt damals als einer der führenden mit ausgeprägtem Zeremoniell und einer international besetzten Hofkapelle.

Vom höfischen Glanz ist in Żary jedoch lediglich die große Schlossruine geblieben.

Wenige Kilometer nordöstlich verbirgt sich hinter dem Ortsnamen Krzystkowice eines der furchtbaren Relikte der nationalsozialistischen Diktatur. In der Nähe von Christianstadt, das Herzog Christian von Sachsen-Merseburg 1659 gegenüber von Naumburg am Bober für protestantische Glaubensflüchtlinge gründete, errichteten die Nationalsozialisten 1944 ein Außenlager ihres Konzentrationslagers Groß Rosen für bis zu 1000 weibliche Häftlinge. Ihre Arbeitsplätze waren nebenan in der damals größten deutschen Munitionsfabrik.

„Lauban putzt der Welt die Nase" hieß es einst vom heutigen Lubań, das die östlichste Stadt des Oberlausitzer Sechsstädtebundes war: Bis zum Zweiten Weltkrieg kamen aus der Stadt immerhin fast 95 % aller Taschentücher für den deutschen Markt. Zu den schwersten Heimsuchungen des knapp 800-jährigen Lauban gehörte der Zweite Weltkrieg. Eine literarische Verarbeitung des Geschehens in der Stadt der Eltern und seiner Jugend bietet der Schriftsteller Arno Schmidt 1949 in seinem Roman *Leviathan*. Zu dieser Zeit existierte jedoch das alte Lauban nur noch in der Erinnerung des Autors: „Toll, wenn man so die Bahnhofstraße sieht; man kennt jede Ecke; täglich bin ich da gegangen; im klirrenden Winter 28/29, im hellblau und kalten Frühling, im kastanienheißen Sommergrün, oft ist die herbstlich rauschende Queisbadeanstalt in meinen Träumen."

Im Frühjahr 1945 wurde Lauban zu zwei Dritteln zerstört. Der Grund dafür war eine der letzten Offensiven der Nazi-Wehrmacht, mit der die weitgehend von der Roten Armee besetzte Stadt zurückerobert werden sollte. Mit dem Wiederaufbau in den vergangenen Jahren erhielt die Stadt jedoch einen Teil der alten Gestalt zurück.

Das Gebäudeensemble im Ring von Lubań (Lauban) mit dem historischen Renaissance-Rathaus und der Kursächsischen Postsäule (links im Bild) wurde nach und nach restauriert. Nur der Krämerturm, einst Teil des frühen gotischen Rathauses aus dem 13. Jh., hat nahezu unversehrt die Zeiten überstanden.

Berge, Wälder und Seen – Freizeit zu Land und zu Wasser

Wandern im Mittelgebirge, Radeln an Oder, Neiße und Spree, Baden im gefluteten Tagebau, Übernachten im Baumhaus: Die Möglichkeiten für abwechslungsreiche Freizeitvergnügen in der Lausitz sind vielfältig – und manchmal auch außergewöhnlich.

Der Keulenberg in der westlichen Oberlausitz gilt mit seinen 413 m scherzhaft als die höchste Erhebung zwischen Dresden und Schweden. Mitunter wird der Berg zwischen Königsbrück und Pulsnitz auch „Wächter der Westlausitz" genannt. Der insgesamt gut sechsstündige Fußmarsch zwischen beiden Orten mit einer Schlossruine als dem höchsten Punkt birgt unverhofft so manche Überraschung. Ausblicke weit übers Land reichen bis zur Sächsischen Schweiz und zur Landeshauptstadt, und in der Nähe des Barockschlosses Oberlichtenau sind in einem Bibelgarten Szenen aus dem Alten und dem Neuen Testament nachgestellt.

Trotz der nur wenigen Höhenmeter erweist sich die Wanderung als eine durchaus abwechslungsreiche Tour, die neugierig macht auf andere Ziele in der Oberlausitz. Nach Berechnungen von Touristikern ist das Dreiländereck von Deutschland, Tschechien und Polen durch etwa 5000 km Wanderwege vernetzt. Anspruchsvolle Routen sind ebenso darunter wie Touren für Familien mit kleinen Kindern oder für Ungeübte. Auf einer siebentägigen Berg-

Von Zittau bis Ueckermünde an der Ostsee verläuft der Oder-Neiße-Radweg. Die 465 km lange Strecke führt überwiegend auf stillen Uferwegen durch weite, grüne Niederungen. In der Lausitz liegen interessante Sehenswürdigkeiten am Weg wie das Kloster St. Marienthal oder der Geopark Muskauer Faltenbogen.

land-Tour beispielsweise können auf täglichen Etappen zwischen 14 und 20 km das „Umgebindeland" und die drei Quellen der Spree erwandert werden. Von Schirgiswalde aus führt der Weg über die Kälbersteine und den Bieleboh bis nach Löbau, Herrnhut und Obercunnersdorf und schließlich zu den Spreequellen am Kottmar.

Mit dem ersten Schnee im Winter werden das Oberlausitzer Bergland und das Zittauer Gebirge zur weißen Märchenlandschaft mit vielfältigen Möglichkeiten für den Wintersport. Besonders in den Orten um die Lausche und das Skisportzentrum Tännicht-Sohland ist der Tourismus auf alpine Abfahrten ebenso eingestellt wie auf Langlaufen, Skiwandern oder Rodeln. In den flacheren Landstrichen und entlang der Flüsse macht dagegen ein dichtes Netz von ausgedehnten thematischen Radwegen die Lausitz nahezu ganzjährig zum wahren Radlerparadies. Der Oder-Neiße-Radweg beispielsweise erreicht 55 km nach seinem Anfang an der böhmischen Neiße-Quelle die Oberlausitz bei Zittau und führt weiter bis zum Seebad Ahlbeck auf Usedom. Südlich von Görlitz liegt mit dem Berzdorfer See, einem gefluteten Tagebau, der äußerste östliche Eckpunkt des Lausitzer Seenlandes am Weg. Die Verantwortlichen versprechen nach Abschluss der Flutung einen der größten sächsischen Seen mit einer Wassertiefe von über 70 m und ausgezeichneten Wassersport-bedingungen.

Am Fuße des Zittauer Gebirges, auf einer Höhe zwischen 500 und 800 m, befindet sich das Wintersportgebiet Waltersdorf/Lausche. In dem relativ schneesicheren Gebiet finden auch Langläufer und Skiwanderer attraktive Betätigungsmöglichkeiten.

Die Lausitz ist ein Freizeitziel zu jeder Jahreszeit. Zwischen Badebetrieb und Wintersport ist alles möglich.

Der Findlingspark Nochten auf einem ehemaligen Tagebau bietet nicht nur ein kunstvolles Arrangement eiszeitticher Findlinge, sondern während der wärmeren Jahreszeit auch viele Attraktionen für Blumenfreunde – von der Tulpenblüte im April bis zum Erblühen der Sommerheide im Oktober.

Zwischen Görlitz und Bad Muskau können Wanderer und Radler auf halber Strecke bei Steinbach einbiegen in den Wolfsweg. Er führt durch ausgedehnte Teichgebiete zum Erlichthof Rietschen mit dem Kontaktbüro „Wolfsregion Lausitz" und dem Wolfsmuseum. Ganz in der Nähe, an der ehemaligen Abbruchkante des Tagebaus Reichwalde, haben sich vor wenigen Jahren nach langer Zeit wieder die ersten Wolfsrudel angesiedelt, weshalb die Gegend ein bevorzugtes Ziel für Exkursionen zu den Spuren der scheuen Tiere ist. Nach gut 40 km endet der Wolfsweg am Lausitzer Findlingspark bei Nochten, der auf einer Fläche von 20 ha rund 6000 Findlinge aus der letzten Eiszeit vereint. Sie wurden aus mehreren Tagebauen der Lausitz auf das einstige Bergbaugelände geschleppt und dort zu einer großflächigen und in Europa einzigartigen Erlebnislandschaft arrangiert – mit Hochmoor und einem Garten mit 160 Arten von Sommer- und Winterheide, mit üppig blühenden Rhododendren und Azaleen sowie zahllosen anderen Gehölzen und Stauden. Auf der nachempfundenen Landkarte „Klein-Skandinavien" skizzieren zudem 90 steinerne Riesen ihren Weg aus dem Norden in die Lausitz.

Eine nahezu unberührte Natur erkundet der Seeadlerrundweg in der Oberlausitzer Heide- und Teichlandschaft. Seinen Namen verdankt die knapp 90 km lange Route dem größten deutschen Greifvogel, der noch vor 20 Jahren als nahezu ausgestorben galt, aber seit kurzem im Biosphärenreservat nördlich von Bautzen wieder ein Brutrevier hat. Je nach Jahreszeit und mit etwas Glück sind auf dem Rundweg neben dem namensgebenden Greif-

Auf dem Gurkenradweg durch den romantischen Spreewald

Die Botschaft der kleinen Schilder ist eindeutig: Die Gurke auf dem Fahrrad verspricht für den Rundkurs von 260 km durch die Lausitz den Radlern das Erlebnis „Spreewald pur". Die Route führt durch flaches Gelände zu historischen Stätten und Ausflugszielen zwischen Cottbus und Lübben ebenso wie zu Standorten des Gemüseanbaus und dessen Verarbeitung. In der Teichlandschaft bei Dissen sind Storchennester zu entdecken, während in Burg das Infozentrum Schlossberghof interessante Details zum Biosphärenreservat Spreewald vermittelt. Weitere Stationen in Richtung Norden sind Straupitz sowie der Köthener See und die Krausnicker Berge, von denen es nur wenige Kilometer bis zum Badeparadies *Tropical Islands* im märkischen Sand sind. In

südlicher Richtung führt der Radweg im Zeichen der Gurke über Lübben und Lübbenau zu den Spreewalddörfern Lehde und Leipe, bevor auf dem Weg nach Cottbus auch die Slawenburg Raddusch erreicht wird. Ein weiterer Rundweg führt als Froschradweg nördlich von Bautzen durch die Oberlausitzer Heide- und Teichlandschaft. Auf dieser Tour lässt sich u. a. das romantische Gartenreich von Bad Muskau entdecken.

Die anspruchsvollste Strecke ist jedoch der 420 km lange Spreeradweg von der Quelle in der Oberlausitz bis zur Mündung in die Havel. Etwa die Hälfte der Strecke führt durch die Lausitz. Kondition von den Pedalrittern fordern dabei die Steigungen im Oberlausitzer Bergland zwischen Eibau und Bautzen.

Buchstäblich immer der Gurke nach führt der Gurkenradweg durch den Unter- und Oberspreewald bis nach Cottbus.

vogel auch Weißstorch und Schleiereule, Schwalben und Fledermäuse, Fischadler und Neuntöter, Fischotter, Waschbär und Eisvogel, Marderhund und Turmfalke sowie Heidelibelle und viele andere Tiere zu entdecken. Zum Sehenswerten am Wegesrand gehören Dorfkirchen, Gasthäuser und Heimatstuben, Bauernhöfe mit Direktvermarktung und Badestrände an den Rändern früherer Tagebaue.

Sorbische Impressionen

Gleich drei Radwege verbinden unter dem Motto „Sorbische Impressionen" mehrere Orte im slawischen Siedlungsgebiet der Lausitz. Unter dem Logo des dreifarbigen sorbischen Lindenblatts gelangen die Radler zu Stätten authentischer sorbischer Lebensweise und Kultur. Ein buchstäblich langer Atem ist auf der Niederlausitzer Bergbautour und auf dem Fürst-Pückler-Weg vonnöten. Denn beide Routen zur Lausitzer Industriekultur sind immerhin jeweils 500 km lang. Zu den markantesten Orten gehören das Besucherbergwerk mit dem „liegenden Eiffelturm", der Förderbrücke F60 bei Finsterwalde, und die Energiefabrik Knappenrode mit dem drei Mal täglich nachgestellten Schichtbeginn, aber auch das Kunstmuseum Dieselkraftwerk Cottbus, die Brikettfabrik Louise, das Kraftwerk Schwarze Pumpe, der Tagebau Welzow oder die erste deutsche Gartenstadt Marga in Senftenberg. Auf dem Weg dorthin sind an vielen Stellen schon jetzt die Konturen des entstehenden Lausitzer Seenlandes deutlich zu erkennen. Mit den Seen bildete sich

Das Industriemuseum Energiefabrik Knappenrode bietet Erlebnistouren durch 100 Jahre Energie- und Bergbaugeschichte. In mehreren Dauerausstellungen kann man u. a. die Technik des Brikettierens, imposante Dampfturbinen und Sachsens größte Ofenausstellung sehen.

in den vergangenen Jahren auch die touristische Infrastruktur für die modernste Wassertourismusregion in Deutschland mit künftig 14000 ha Wasserfläche. Auch andernorts setzt man verstärkt auf Wassersport- und Spa-Liebhaber – von der *Spreewaldtherme* in Burg über die *Lagune* in Cottbus, das Erlebnisbad im Kochsagrund bei Spremberg und den Badespaß mit Pinguinen in den *Spreewelten* von Lübbenau bis zur *Körse-Therme* in Kirschau im Oberlausitzer Bergland. Darüber hinaus erfreuen sich nicht nur im Spreewald naturbelassene Gewässer zunehmender Beliebtheit für Paddeltouren; an den Ufern werden Abenteuercamps für Familien, Freizeitgruppen und Firmen angeboten.

Lebendige Regionalgeschichte

Entlang der großen Touren durch die Lausitz zwischen Mondlandschaft, Gartenkunst und Spreewaldromantik stößt man immer wieder auf besondere Sehenswürdigkeiten, die ein Stück Regionalgeschichte in Erinnerung halten. In der alten Hutfabrik Wilke in Guben etwa vermittelt das Hutmuseum interessante Details zu jenem Handwerk, das die Neißestadt einst berühmt machte. In Forst (Lausitz) erinnert das Brandenburgische Textilmuseum an die Industriegeschichte der Region. Zudem lädt am Neißeufer seit nunmehr schon 100 Jahren der Ostdeutsche Rosengarten zum Flanieren zwischen 40 000 Rosenstöcken ein. Seit 2009 ist die weitläufige Anlage „Deutschlands schönster Park", in dem bei den Rosengarten-Festtagen jeweils Ende Juni die Forster Rosenkönigin gewählt wird. In der Nähe von Döbern kommt mit dem Muskauer Faltenbogen die Wiege des Lausitzer

Die künstlichen Seen im ehemaligen Braunkohlerevier der Lausitz wie hier der Geierswalder See haben sich zu einem beliebten Naherholungsgebiet entwickelt (ganz oben).

Nur eine Glasscheibe trennt Mensch und Pinguin im Freizeitbad Spreewelten in Lübbenau (oben).

Die EuroSpeedway Lausitz, auch bekannt als Lausitzring, wurde in einem ehemaligem Tagebau errichtet. Seit 2000 bietet die Anlage Freunden des Motorsports internationale Rennen der Spitzenklasse.

Im Kunstgussmuseum Lauchhammer befinden sich auch große Statuen berühmter Persönlichkeiten, hier Martin Luther, geschaffen vom Bildhauer Ernst Rietschel.

Bergbaus in den Blick. Das Heidemuseum im Schloss von Spremberg beschreibt das Leben in der Niederlausitz vor der Braunkohle. In Lauchhammer wurden auf dem Gelände der früheren Großkokerei die einstigen Biotürme zur Abwasseraufbereitung zum Industriedenkmal mit außergewöhnlichen Perspektiven von Aussichtskanzeln in luftiger Höhe. Dagegen präsentiert das Kunstgussmuseum Lauchhammer zahlreiche Beispiele für den Figurenguss aus Bronze und Eisen, der in der dortigen Eisenhütte erstmals 1784 gelang. Die 2800 Modelle im denkmalgeschützten Fundus reichen von münzgroßen Medaillen bis zu Ernst Rietschels monumentalem Luther-Denkmal.

Von überregionaler Bedeutung ist das Konrad-Zuse-Computermuseum in Hoyerswerda. Der Computerpionier Konrad Zuse (1910–1995) stammt zwar nicht aus der Stadt, machte dort aber 1928 das Abitur. Zuses Interesse für Technik sei maßgeblich in dieser Zeit geweckt worden, sagen Experten. Daraus entstand die Idee zu einem Museum, das schließlich 1995 eröffnet werden konnte. Neben einer Dokumentation zu Zuses Lebensweg als kreativem Geist und Künstler sind mehr als 150 komplette Computersysteme zu sehen, darunter der DDR-Rechner Robotron K 1840 von 1989, der die stattlichen Dimensionen einer Schrankwand besitzt. Auch ein Zuse-Rechner Z 22 R von 1960 wird gezeigt.

Weitere Attraktionen auf den Touren durch die Lausitz sind Türme und Aussichtspunkte für spektakuläre Einblicke in die Arbeitsweise der gigantischen Großgeräte in aktiven Tagebauen. Auf Jeep-Safaris dringt man durch die Schluchten und Gräben der riesigen Gruben bis in die unmittelbare Nähe von turmhoher Bergbautechnik vor. Ein weiteres Freizeitangebot blieb jedoch bisher nur Vision – der Traum vom Formel-1-Zirkus. Gleichwohl wurde der EuroSpeedway Lausitz seit seiner Eröffnung im August 2000 trotz

mancher schwerer Rennunfälle im internationalen Motor-
sport zu einer festen Adresse. Motorradmeisterschaften
und Tourenwagen-Masters stehen auf dem Programm wie
auch Markentreffen von Autoherstellen und die Liga der
Traumsportwagen beim ADAC Masters Weekend. Außerdem können zu bestimmten Terminen Hobbyrennfahrer
mit ihren eigenen Autos oder dem Motorrad auf dem
Rundkurs Gas geben. Die Anlage auf dem früheren Tagebau Meuro, bekannt als Lausitzring, gilt als eine der modernsten Rennstrecken in Europa. Überlegungen für ein
solches Riesenprojekt standen noch 1986 im letzten Fünf-
jahresplan der DDR. Der heutige Standort bei Senftenberg
unweit der Autobahn Dresden – Berlin wurde allerdings
erst im Jahr nach der Wiedervereinigung festgelegt.

Kultur, Natur und Fantasie

Selbst Theaterfreunde kommen in der Lausitz nicht zu
kurz. Neben den Traditionshäusern in Bautzen, Cottbus,
Görlitz, Kamenz und Zittau hat sich seit 1946 in Senften-
berg ein weiteres Theater etabliert. In der DDR wurde die
Bühne in der Provinz für Schauspieler und Regisseure wie
Annekathrin Bürger, Hildegard Alex, Freya Klier, Armin
Mueller-Stahl oder Frank Castorf zum Sprungbrett für die
weitere Karriere. Mittlerweile bespielt die Neue Bühne
Senftenberg in den Sommermonaten auch das Amphithea-
ter am Senftenberger See.

Campingplätze, Reiterhöfe, Wellnesshotels sowie Sau-
rier- und andere Freizeitparks machen die Lausitz komplett zum Reiseziel für unterschiedlichste Wünsche und
Erwartungen. Unter diesen Angeboten ist die „Kulturinsel
Einsiedel" in Zentendorf eine originelle Besonderheit. Der
„Grüngeringelte Abenteuerfreizeitpark" mit Zauberschloss
und Baumhäusern, mit „Erdhaus", „Waldsiedlum", „Behütum" und dem
„1. Deutschen Baumhaus-Hotel" zum Übernachten zwischen Baumwipfeln
liegt nördlich von Görlitz an Deutschlands östlichstem Punkt. In der schönen Jahreszeit erleben die jeweils rund 100 000 großen und kleinen Besucher
im selbsternannten „Herz der Zentrallausitz" eine Mischung aus Kunst,
Kultur und Natur. Die Erlebniswelt, die in der Neißeaue auf einer Fläche von
5 ha zu ebener Erde, aber auch unter- und oberirdisch zelebriert wird, be-
wegt sich auf den Spuren des Volkes von Turisede – das es freilich nie gegeben hat. Doch das mindert keinesfalls den Spaß. Er lebt, im abgelegenen
Grenzland und damit fernab des geschäftigen Alltags, von einem Hauch
sympathischer Aussteigermentalität.

Am Strand von Tropical Islands

In der nördlichen Niederlausitz liegt die
größte tropische Urlaubswelt in Europa. In
einer riesigen freitragenden Halle, die ursprünglich für den Bau von Luftschiffen kon-
zipiert wurde, verströmt Tropical Islands
täglich rund um die Uhr eine nahezu perfekte
Südsee-Atmosphäre. Bei einer konstanten
Lufttemperatur von 26 °C locken ein 200 m
langer Sandstrand inmitten von Regenwald
und Tropendorf, eine Bali-Lounge mit Grotte
und Wasserfall sowie Spielplätze und tropische Wellness. Ende 2004 eröffnet, nähern
sich die jährlichen Besucherzahlen gegen
Ende des ersten Tropen-Jahrzehnts im märkischen Sand der Millionengrenze. Möglichkeiten zur Übernachtung bietet Tropical Islands
direkt in der Halle sowie außerhalb in einer
Siedlung mit Ferienhäusern und auf einem
Campingplatz.

Ortsregister

Sach- und Personenregister

Autor: Thomas Bickelhaupt
Fotograf: Johann Scheibner
Kartografie: Astrid Fischer-Leitl

Producing
Lektorat: imprint, Zusmarshausen
Satz und Layout: imprint, Zusmarshausen
Herstellung: Bettina Schippel
Repro und technische Produktion: Repro Ludwig, Zell am See
Projektleitung Bruckmann Verlag GmbH: Dr. Birgit Kneip

Reader's Digest
Redaktion: Stefan Kuballa (Projektleitung)
Grafik: Gabriele Stammer-Nowack
Chefredakteurin Ressort Buch: Dr. Renate Mangold
Art Director: Susanne Hauser

Produktion:
arvato print management: Thomas Kurz

Dieses Buch entstand in Zusammenarbeit zwischen der Bruckmann Verlag GmbH und Reader's Digest Deutschland, Schweiz, Österreich, Verlag Das Beste GmbH, Stuttgart, Zürich, Wien

Genehmigte Sonderausgabe für Reader's Digest Deutschland, Schweiz, Österreich
Verlag Das Beste GmbH, Stuttgart, Zürich, Wien
© 2013 Bruckmann Verlag GmbH, München
© 2013 Reader's Digest Deutschland, Schweiz, Österreich –
Verlag Das Beste GmbH

Druck und Binden:
Guangzhou Fung Choi Printing Co., Ltd, Guangzhou

GR 0191/L/S

Printed in China

ISBN 978-3-89915-968-4

Besuchen Sie uns im Internet
www.readersdigest.de | www.readersdigest.ch | www.readersdigest.at

Bildnachweis
(o = oben, u = unten, l = links, r = rechts, M = Mitte)

Umschlagmotiv: Kahnfahrt auf der Spree bei Lübbenau im Spreewald © Bildagentur Huber/Schmid Reinhard
S. 1: Auf dem Weg zum Maibaum-Werfen in Schwarzkolm © Johann Scheibner
S. 2–3: Blick auf Waltersdorf und Zittauer Gebirge © mauritius images/ib/Bernd Bieber
S. 4–5: Birkenallee im Naturpark Niederlausitzer Heidelandschaft © Johann Scheibner

© picture alliance: 33 ur (WILDLIFE, S. Kaasche), 41 o, 41 u (dpa, Matthias Hiekel), 44 u (Montage aus zwei Aufnahmen) (ZB, Jens Trenkler), 55 (Bildagentur Huber, Damm Friedma), 57 u (epd, Frank Bierstedt), 58 (dpa, Arno Burgi), 59 (ZB, Matthias Hieke), 69 u (akg-images), 94, 96 u (ZB, Patrick Pleul), 100 o (/dpa, Sören Stache), 105 (ZB, Patrick Pleul), 107 ol (ZB, Martin Schutt), 108 (ZB, Patrick Pleul), 109 (akg-images, P. A. Lebrun), 117 (Bildagentur-o), 119 ur (Andreas Franke), 126 Hintergrundbild (dpa, Oliver Killig), 132 (akg-images, Jürgen Raible), 133r, 134 o (akg-images), 134 u, 138 (Bildagentur Huber), 139 ol (CHROMORANGE/gourmet-vision), 139 or (ZB, Hubert Link), 140 ol (ZB, Patrick Pleul), 140 or (dpa/Stockfood, Eising), 141 Hinter- grundbild (ZB, Martin Schutt), 143 (Andreas Franke), 153 Hintergrund- bild (ZB, Jan Woitas), 154 or (ZB, Patrick Pleul), 154 (DUMONT Bildarchiv, Synnatschke Photography), 155 r (ZB, Patrick Pleul), 156 o (ZB/euroluftbild.de, Bernd Clemens) © Naturpark Niederlausitzer Heidelandschaft – Archiv: 79 ur, 79 ul; © PD/Iclandicfiking: 106, 110 or, 110 ol; © peb, Peter Becker: 107 or; © Miroslaw Nowotny: 120/121 Hintergrundbild, 121 ur; © Gabriele Suschke: 121 or; © hutterstock/ Elena Shashkina: 142 ol; © ullstein bild – CTK/Radek Petrasek: 144; © Fotolia/Frank: 145

Alle anderen Bilder: Johann Scheibner

Mit freundlicher Genehmigung: Stiftung Fürst-Pückler-Park Bad Muskau und Stiftung Fürst-Pückler-Museum Park und Schloss Branitz 66-69